日本語学習者のための

読解厳選テーマ10［上級］

清水正幸
MASAYUKI SHIMIZU

にほんごの凡人社
BONJINSHA

はじめに

1. 本書の特長

　本書は日本語能力試験のＮ１受験レベル程度以上の日本語力を有する学習者を対象としています。学習者の日本社会への興味や関心に応えたり、それらを喚起したりできるように作りました。また、日本社会についての知識だけでなく、そこから社会的なテーマについて自ら考えていく力を身につけることも目標としています。この点で、大学・大学院への進学を目指す人や、そこで実際に学んでいる人にもお薦めできます。

　本書は、このような日本語力、知識、考える力を、楽しみながら身につけていけるように、以下のような工夫をしました

① 多様な視点、考え方に触れられるように、1つのテーマについて複数の文章を用意しました。また、文章のタイプも、エッセイ、論説文、小説など、さまざまなものをそろえています。

② テーマについて考えたり、クラスメートとディスカッションをしたりするセクションを設けました。「文章を読む」「自分の考えをまとめ、話す」「他者の考えを聞く」というプロセスの中で、より広い視野を獲得し、テーマについて主体的に考え続けていく力を養います。

2. 各課の構成とねらい

　各課はそれぞれ一つのテーマを設定し、扉・読み物１・読み物２・コラムから構成されています。各読み物には理解確認のための問題があるほか、テーマに関する理解を深めたり、関心を広げたりするために、関連データの図表を掲載している課もあります。また、日本語能力試験N1レベルを超えると思われる語は別冊の語彙リストに収録し、漢字表記の場合には、読み物ごとに、適宜、初出部分にルビを振りました。

　本書の制作にあたっては、さまざまな方面より惜しみないご協力をいただきました。とりわけ、東京外語専門学校、江戸カルチャーセンター日本語学校、下郡麻子先生、沖中晃子先生、ナム・ドゥヒョンさんに、心より感謝申し上げます。

2021 年 3 月　著者

本書の使い方および時間配分の目安

［1課あたりの授業時間目安：180〜270分程度］

（＊クラス授業で使用する場合を中心に、使い方の例をまとめました。）

1．準備（10分程度）

　扉のページにはイラストがあります。扉のページを使って、テーマへの関心を高め、読み物へ進むための準備をしましょう。クラス授業で使う場合は、クラス全体で話しましょう。

　　　例1：「漫画・アニメ」
　　　　　⇒描かれた風景や人物について知っているかどうかを確認し、その風
　　　　　　景、人物と漫画・アニメとの関連について発言してもらう。
　　　例2：「外来生物の今」
　　　　　⇒外来生物について知っている情報を発言してもらったあと、どうして
　　　　　　イラストの動物が怒っているのか考え、発言してもらう。

2．「読み物1」（65〜100分程度）

2−1．黙読と答えの記入

　黙読をし、問題の答えを記入していきます。辞書の使用については、自分の日本語のレベルや目的によって、判断してください。

　なお、別冊には、日本語能力試験N1レベル以上と思われる語彙リスト（英語・中国語・ベトナム語の対訳付き）があります。

2−2．音読と答えの確認

　1段落ずつ音読をします。そのとき、漢字の読み方や大切な言葉の意味を確認します。そして、筆者の言いたいことや、各段落の内容などを確認します。問題の答えを確認できるところに来たら、答え合わせをします。

3.「読み物1から読み物2へ」（20〜30分程度）

「読み物1」で読んだ内容をもとに、テーマについて考えたり、話したりします。知っていることや自分の考えを話してみるという点では、「1. 準備」の活動と同じですが、ここでは少人数でグループ・ディスカッションなどをして、クラスメートとじっくり話し合いましょう。

また、図書館やインターネットなどで問いについて調べてから、発表やディスカッションを行うのもよいでしょう。

4.「読み物2」（65〜100分程度）

進め方は「読み物1」と同じです。ただし、「読み物1」と関連するようなところでは注意をしてください。そして、同じテーマでもいろいろな視点や考え方があることを知りましょう。それらと比べたり、関連づけたりしてください。

5.「発展」（20〜30分程度）

これまで学習した内容をもとに、もう一度考えたり、話したりします。最後は、何も書いてありません。自分で問題をつくってみましょう。
なお、ここでも「読み物1から読み物2へ」と同じように、図書館やインターネットなどで調べてから、発表やディスカッションを行うのもよいでしょう。

6.「コラム」・「知識のサプリ」

授業で資料として読んだり、自習用に使ったりしてください。
なお、授業で使う場合、いろいろな使い方が考えられます。

　　例1：「夫婦別姓をめぐって」
　　　　⇒「コラム」　　　：「読み物2」の終了後に読む。
　　　　　「知識のサプリ」：「発展」を進める際の参考に使用する。

例２：「恋 × AI ＝？」

⇒「知識のサプリ」：「導入」で日本の結婚事情を紹介する際に読む。

７．その他

「本文から言葉を探して」との指示がある文字数指定の問題では、読点（、）や数字、アルファベットや括弧等もそれぞれ１字に数えて、答えを書いてください。

【進め方の例（90分×３回）】

◎１日目

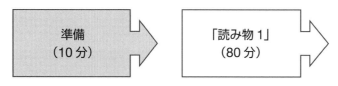

◎２日目

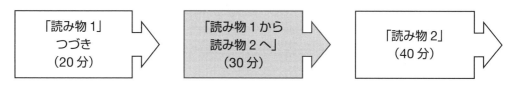

◎３日目

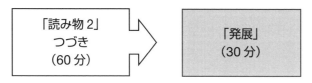

もくじ

01

漫画・アニメ

聖地巡礼

1　神奈川県鎌倉市の江ノ島近くに、最近多くの観光客を集めている駅があ

2　る。江ノ島電鉄、通称「江ノ電」の鎌倉高校前駅だ。

3　駅のすぐ脇の踏切が漫画『SLUM DUNK（スラムダンク）』の舞台とされ、

4　国内のみならず、中国や台湾などを中心に、外国人のファンも押し寄せるよ

5　うになっている。

6　『スラムダンク』は1990年代に週刊少年ジャンプ（集英社）で連載され、

7　神奈川県の高校に通う不良少年がバスケットボールを通じて友情を深め、全

8　国大会で優勝を目指すという物語。単行本は中国語や英語など10カ国語以

9　上に翻訳されている。

10　その後アニメ化もされ、そのオープニングで件の踏切のシーンが流れたこ

11　とから多くの観光客を呼び寄せるようになり、主人公を真似た赤いバスケッ

12　トボールのユニフォームを着て撮影する人も出るほど、まさにファンの「聖

13　地」として根付いている。

14　このように、近年「聖地巡礼」といえば、宗教的なものとは別に、とくに

15　日本ではアニメや映画などの作品の舞台になった場所を訪れることも意味す

16　るようになっている。

17　映画や小説などに関していえば、その舞台となった場所を巡ることは、実

18　はかなり前から行われていた。一方、漫画やアニメでは場所が作品の中で明

19　示されていなかったり、景色に修正が加えられていたりすることも多く、も

とになった場所をファンのほうで特定する必要が生じることも少なくなかった。そのため後者においては、ⓐそれが可能となるネット社会の出現を待たなければならなかった。

　そうした事情もあって、当初、漫画・アニメの「聖地巡礼」を行っていたのは、ネットを通じた情報収集・分析に長けたごく一部のファンに限られていた。そうした点からいうと、黎明期の漫画やアニメの「聖地巡礼」はきわめてマニアックなものであり、ⓑまさに「オタク的」なものであったといって差し支えあるまい。そして、このように一部のコアなファンによって特定された情報がネットを通じて発信され、それを見たさらに多くの人を現地へと呼び寄せるというのが、これまでの漫画・アニメの「聖地巡礼」の流れであった。

　このような聖地巡礼の先駆的事例とされる埼玉県の鷲宮は、地元住民とそこを訪れるファンとの交流を生み出したという点で、成功事例の一つといえる。

　鷲宮は月刊ゲーム雑誌『コンプティーク』に掲載された４コマ漫画『らき☆すた』の舞台となり、後にテレビアニメ化された際にはオープニングで鷲宮神社の鳥居が含まれた絵が用いられるなどして知られるようになり、「聖地」となった。当初は、住宅街に突然ファンが集まるようになり、作品のことを知らない地元の人々を困惑させることもあったが、現在では地元の祭りにファンも一緒に参加するなど、漫画・アニメを利用した町おこしの先駆であり成功例として取り上げられることが多い。

　漫画・アニメの聖地巡礼の盛況を受けて、これをビジネス化しようとする

動きも活発化している。その一翼を担っているのが、内閣府を中心に官民一体となって推進している「クール・ジャパン」戦略だろう。

　漫画・アニメの聖地巡礼は、その舞台になった場所であれば、交通などが多少不便でも訪問者を集められる可能性があり、過疎化や財政難に悩む地方の自治体でも、一発逆転のチャンスになり得る。

　しかしながら、前述したように漫画・アニメの聖地巡礼のはじまりがそもそも一部のコアなファンによる「草の根的」ないしは自然発生的なものであったことを考えると、政府や自治体による、いわば「上からの政策」としてうまく機能し得るものなのかどうかは検討の余地があろう。またそれとともに、これまで観光地として十分整備されてこなかった場所に突如として訪問客が大挙して訪れることにより、地元で混乱が生じることも十分予想される。

　実際、冒頭で触れた鎌倉高校前駅近くの踏切付近でも、観光客が車道や線路の周辺にあふれ、地元住民やドライバーから「観光客が車道に飛び出して、青信号でも車が前に進めない」とか「ごみのポイ捨てがひどい」などの苦情が寄せられている。

　「聖地巡礼」が広く人々に受け入れられるようになるためには、このあたりに対する目配りも十分なされる必要があろう。

問題

❶ .「鎌倉高校前駅周辺」について、本文の内容と合うものに○、合わないものに×を

　　書いてください。

　　　　　① （　　　） 日本国内だけでなく、海外からも多くの観光客が訪れている。

　　　　　② （　　　） スラムダンクの単行本が発売されて以降、観光客が増えた。

　　　　　③ （　　　） 観光客は皆、バスケットボールのユニフォームを着ている。

　　　　　④ （　　　） 観光客のマナーが原因で、交通渋滞が起こることがある。

　　　　　⑤ （　　　） ごみのポイ捨てをしているのは、主に外国人観光客である。

❷ .「ⓐそれ」が指す内容を 22 字にまとめて書いてください。

漫	画	や									
				こ	と						

22

❸ . 筆者が黎明期の漫画やアニメの聖地巡礼は「ⓑまさに『オタク的』なものであった」

　　と考えるのは、どうしてですか。本文から言葉を探して、60 字で書いてください。

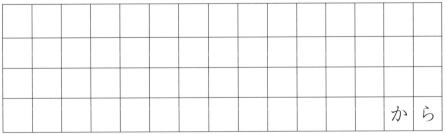

60

❹. 「鷲宮」について、本文の内容と合うものに○、合わないものに×を書いてください。

①（　　）漫画・アニメにおける聖地巡礼の先駆的事例とされている。

②（　　）『らき☆すた』がテレビアニメ化される時に舞台となった。

③（　　）当初は聖地巡礼に訪れるファンに困惑する地元住民もいた。

④（　　）地元の祭りに参加する『らき☆すた』のファンもいる。

⑤（　　）「クール・ジャパン」戦略の一環として、町おこしが行われた。

❺. 内閣府などが漫画・アニメの聖地巡礼を後押ししようとしているのは、どうしてですか。本文から言葉を探して、35字で書いてください。

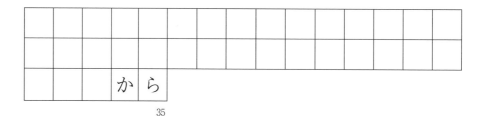

		か	ら													

35

❻. 内閣府などが漫画・アニメの聖地巡礼を後押ししようとしていることについて、筆者はどのように考えていますか。

a　国の政策として、これからもおおいに推進するべきだ。

b　コアなファンに協力してもらえるのか、疑問がある。

c　地元に混乱を起こす原因になるから、やめるべきだ。

d　政府や自治体の施策として馴染むのか、疑問がある。

① あなたが好きな漫画・アニメを紹介してください。

② あなたが旅行をするときは、何を目的に出かけることが多いですか。

アニメの神様？

1 　手塚治虫といえば、しばしば「漫画の神様」と呼ばれる。しかしながら、

2 本人が本当にやりたかったのはアニメであり、漫画創作はむしろ、そのため

3 の資金作りの方便にすぎなかったという話もある。そこでここでは、手塚の

4 アニメ制作を中心に、その生涯をたどってみたい。

5 　今でこそ大人も子どもも、世界中の多くの人々が日本のアニメに夢中であ

6 るが、昭和初期の日本において、ⓐ早くもその魅力と可能性を感じ取ってい

7 た数少ない一人が手塚だったのかもしれない。

8 　1928年、大阪に生まれた手塚がアニメに目覚めたのは少年時代。手塚の

9 父はカメラが趣味で、当時は珍しかった外国製の映写機でさまざまな映画を

10 家族に見せていた。その中でも手塚少年を夢中にさせたのがアニメーション

11 だった。なぜ絵が動くのか。フィルムを手にその謎を探究し、アニメーショ

12 ンの原理を知った手塚少年は、家にある蔵書にパラパラ漫画（ページの端一

13 つ一つに少しずつずらした絵を描き、すばやくめくることにより、残像で絵

14 が動いて見える漫画）を落書きしたという。こうして、アニメ作りが夢となっ

15 た手塚は、成長すると映画館に通いつめ、憧れのディズニーアニメの一つ一

16 つのシーンを頭に叩き込むとともに、映画館の観衆がアニメにすっかり夢中

17 になって笑ったり泣いたりしている表情を見て、まるで我が事のように喜ん

18 だ。そしてたぶんこのときにはもう、アニメーションが多くの人々をひきつ

19 ける娯楽となることを確信し、いっそうアニメーションへの憧れを強くして

いったのではないだろうか。

　終戦の翌年、手塚は漫画家デビューを果たす（実はこのころ、アニメ制作会社の求人に応募したものの、採用担当者から「アニメーション制作には向いていない」と言われ、落とされてしまっている）。

　そして漫画家デビューから15年ほどが経ったころ、手塚はこれまでの漫画執筆で蓄えてきた原稿料を元手に、念願のアニメ制作を本格化する。

　こうして生まれたのが日本初の連続長編テレビアニメ、『鉄腕アトム』である。

　1回30分を毎週放送するというのは前代未聞の試みで、必要な絵の枚数は1回放送分につき1万枚以上。何もかもが手探りで、新しい手法を探究する中でたどり着いたのが、「⑥リミテッド・アニメーション」という手法だった。

　「リミテッド・アニメーション」というのは描く絵の枚数を節約し、作業を効率化する手法のことで、1秒間24コマというそれまでのアニメの常識を覆して1秒間8コマに圧縮。同じ絵の使い回しや、口元など部分的な動きだけで対応するシーンを増やした。

　誰もが知るように、『鉄腕アトム』は日本アニメ史に残るヒット作となり、アニメ先進国のアメリカでも『アストロ・ボーイ』と名を変えて放映された。そしてちょうどそのころ、ニューヨークを訪れた手塚は憧れのウォルト・ディズニーと対面を果たす。手塚が「『アストロ・ボーイ』を作っています」と言うと、ウォルト・ディズニーは「『アストロ・ボーイ』？　知っています。よい作品です。これからの子どもたちは宇宙に目を向けなければならない。私もああいうものを手がけてみたいと思っています」と答え、手塚をいたく

感動させた。

手塚はその後、これも日本初となるカラーテレビアニメ、『ジャングル大帝』を制作。これもヒットするが、時代はテレビアニメ戦国時代へと突入し、少女もの、妖怪ものなど、ジャンルの多様化と競争激化により、手塚の指揮するアニメ制作会社は倒産。挫折を味わうことになる。

そのころ、手塚のアニメ制作に対する批判もささやかれはじめる。批判の的となったのはほかでもない、「リミテッド・アニメーション」だった。この手法が多用された結果、動きが極端に少ない「紙芝居」のようなアニメが生まれ、クオリティの低いアニメが大量生産される原因を作ったという主張である。そしてもう一つは、アニメの制作費を法外に低くしたために現場に投入される予算も極端に少なくなり、それがアニメ制作現場に今も続く劣悪な労働環境を招いたという批判であった（これらの批判については異論もある）。

さて、一度は挫折を味わった手塚であったが、それでもアニメに対する情熱は抑えられなかった。

会社倒産の数年後、負債を完済し、再びアニメの世界に戻った手塚は1984年に短編アニメ『ジャンピング』を発表して海外のコンクールでグランプリを受賞。しかしその後も、実験的、挑戦的なアニメを作りつづけた手塚には「これで満足」ということは一度もなかったといい、次の作品こそ自分が満足できる作品だという気持ちを抱きつづけていた。

このように、生涯現役を貫いた手塚治虫。数多くの弟子を育て、誰もが認める大家的存在になってからも、漫画賞では審査するより審査される側を選

んだり、アニメ映画でヒットを飛ばした30歳近く年下の後輩作家に向かっ　65
て、「君ぐらいのものなら、僕にだって描けるよ」と、ライバル心むき出し　66
の言葉をかけたりしたという。　67

　手塚治虫は1989年、60歳という早すぎる死を迎える。最期に発した言葉は、　68
「頼むから、仕事をさせてくれ」であったという。　69

　手塚アニメを観て衝撃を受け、そこからアニメ界を志すようになり、今な　70
お第一線で活躍を続けている人たちは数多い。また、手塚アニメ自体、これ　71
まで幾度となく形を変えてリメイクされつづけ、そのたびに世間の話題を呼　72
んでいる。　73

　手塚アニメのDNAが今後も日本の内外で引き継がれていくことは、おそ　74
らく間違いないだろう。　75

問 題

❶．手塚治虫の生涯に起きた出来事を、順に並べてください。

    A　大阪に生まれる。

    B　ウォルト・ディズニーと対面する。

    C　ディズニーアニメに夢中になる。

    D　『ジャングル大帝』を制作する。

    E　『ジャンピング』を制作する。

    F　『鉄腕アトム』を制作する。

    （　A　）→（　　　　）→（　　　　）→（　　　　）→（　　　　）→（　　　　）

❷．「手塚治虫」について、本文の内容と合うものに○、合わないものに×を書いてください。

    ①（　　）治虫の父は、治虫がアニメ界で活躍することを望んでいた。

    ②（　　）少年時代には、すでにアニメーションの原理を知っていた。

    ③（　　）アニメ制作会社に就職しようとして、失敗したことがある。

    ④（　　）自分の作品の中で、自身が満足したものは一つもなかった。

    ⑤（　　）弟子や後輩作家たちには、常に優しい言葉をかけていた。

❸．筆者は、手塚がアニメに対して「ⓐ早くもその魅力と可能性を感じ取っていた」と書いていますが、手塚がそれを確信したのはどんなことだったと考えていますか。本文から言葉を探して、40字で書いてください。

					た	こ	と				

40

❹. 『鉄腕アトム』について、本文の内容と合うものに○、合わないものに×を書いて
ください。

     ① （　　　）日本ではじめての連続長編テレビアニメだった。

     ② （　　　）日本ではじめてのカラーテレビアニメだった。

     ③ （　　　）アメリカでは別のタイトルで放送された。

     ④ （　　　）日本に先立って、アメリカで放送された。

     ⑤ （　　　）ディズニーアニメの影響が強く表れている。

❺. ⓑ「リミテッド・アニメーション」を『鉄腕アトム』で多用したことが、どのよう
な問題を生じさせたとの指摘がありますか。本文から言葉を探して、25字で書い
てください。

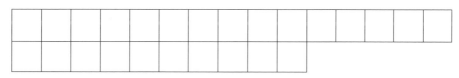

                                               25

❻. アニメ制作者としての手塚治虫について、筆者はどのように考えていますか。

    a   日本国内より海外での功績のほうが、もっと評価されるべきだ。

    b   漫画の制作者としての功績のほうが、もっと評価されるべきだ。

    c   その思想や技法は、今後も国内外で引き継がれていくだろう。

    d   その思想や技法は、リメイクを通じて洗練されていくだろう。

発展

① あなたの国の漫画・アニメと、日本の漫画・アニメとではどんな違いがあ

　りますか。

② あなたの国の有名人を紹介してください。

③ ＿＿＿＿＿＿＿＿＿＿＿＿＿＿＿＿＿＿＿＿＿＿＿＿＿＿＿＿

「好きなアニメ・マンガ」ベスト 10[注]

注）提示した 21 種について調査

【総合ランキング】 対象：日本全国の 15 ～ 79 歳男女	男性		女性	
	15～29歳	40 代	15～29歳	40 代
1． となりのトトロ	8 ↘	5 ↘	**2** ↘	**1** →
2． 魔女の宅急便	9 ↘	7 ↘	**1** ↗	**2** →
3． ドラえもん	6 ↘	6 ↘	7 ↘	**3** →
4． ルパン三世	**3** ↗	**2** ↗	—	10 ↘
5． サザエさん	—	—	9 ↘	6 ↘
6． それいけ！ アンパンマン	—	10 ↘	5 ↗	7 ↘
7． 名探偵コナン	**3** ↗	8 ↘	**3** ↗	8 ↘
8． ちびまる子ちゃん	—	—	9 ↘	4 ↗
9． ONE PIECE	**1** ↗	**3** ↗	5 ↗	—
10． ドラゴンボール	**2** ↗	**4** ↗	—	—

※総合ランキングに入らなかったが男女年代別ランキングに入っているもの
（同率 10 位を除く）

・**機動戦士ガンダム（40 代男性 1 位）**

・**クレヨンしんちゃん（15 ～ 29 歳女性同率 3 位、同男性 5 位）**

・アルプスの少女ハイジ（40 代女性同率 4 位）

・進撃の巨人（15 ～ 29 歳男性 7 位、同女性 8 位）

・Dr. スランプ（40 代女性同率 8 位）

・新世紀エヴァンゲリオン（40 代男性同率 8 位）

・仮面ライダーシリーズ（15 ～ 29 歳男性同率 9 位）

（日本リサーチセンター「第 6 回 NRC 全国キャラクター調査」より）

鳥獣戯画

　今や日本文化の一翼を担う存在となった漫画。その日本漫画の元祖であると、しばしばいわれるのが、「鳥獣戯画」です。

　「鳥獣戯画」は京都市の高山寺に伝わる甲乙丙丁 4 巻一組の絵巻物で、縦の長さは各巻ともに約 30 センチ、全長はおよそ 9 メートルから 11 メートルに及びます。人物の戯画も含むため「鳥獣人物戯画」とも呼ばれています。

　作者は鳥羽僧正覚猷（とばそうじょうかくゆう、1053 ～ 1140）といわれていましたが、現在の研究では、12 世紀中頃から 13 世紀中頃にかけて、複数の作者が制作に携わって完成されたものと考えられています。

　描かれる対象も各巻で異なり、甲巻では擬人化された動物が描かれているのに対し、乙巻では実在・空想上の動物が写生的に描かれています。また、丙巻では前半に人間が登場し、後半では甲巻と同じく擬人化された動物が描かれ、丁巻では人間のみ、それも勝負事に挑む人の姿が数多く描かれています。

（参考・出典： 栂尾山高山寺ホームページ　https://kosanji.com/）

02

恋 × AI ＝ ？

1　「もうすぐ私も 30 歳。そろそろ本気で婚活を始めようと思って」

2　<u>今年 29 歳になる</u>女性は、記者の取材に答えてそう言うと、スマホ画面へ

3　目を向け、多くの男性の写真の中から気になる相手を探しはじめた。

4　インターネットで結婚相手を見つける「婚活アプリ」の市場が、ここ最近

5　急成長を続けている。

6　アプリの仕組みは、住まい、年齢、職業、喫煙習慣の有無など自己プロフィー

7　ルを作成・登録後、気になった人が見つかれば「いいね！」を送信。相手か

8　らも「いいね！」が送られてくると、マッチングが成立し、そこではじめて

9　メッセージを交換できるようになる。その後は男性のみ、課金が始まるケー

10　スが多く、利用料金は月 3 千円ほどからだそうだ。

11　「相手が本気で結婚を考えているのかどうか、会う前に確認できるのがい

12　い」と、冒頭の女性は続ける。「最近まで同棲（どうせい）していた恋人がいたけど、そ

13　の人はまだ結婚まで考えていませんでした。でも私は早く結婚したいし、子

14　どもも欲しい」。

15　これまで数人の男性と実際に会ったが、交際に至った相手はいない。それ

16　でも女性は「出会いにはアプリしかない」と言う。「合コンや婚活パーティー

17　は苦手だし、仕事も忙しい。これでいつか、運命の人と出会えると信じてい

18　ます」。

　アプリの中にはAIが独自に相性のよさを評価し、パーセント表示するものもある。ある運営会社では、データ分析や機械学習によって男女の「相性度」の算出を行っている。プロフィールや趣味などで共通点が多いほど、パーセントは高くなるが、実際お互いに「いいね！」を送り合ったカップルの特徴を分析してみると、「出身地が岡山と福島」「風呂好きと犬好き」「カレー好きとコーヒー牛乳好き」など、思いもかけない相関も浮かび上がってくるという。そのため、担当スタッフは「自分と似た相手だけではなく、思いもよらない相手との『偶然の出会い』も大切。今後も改良を重ねて、最良の相手をおすすめできるようにしたい」と話す。

　スマホなどで登録するだけで簡単に始められる手軽さや、料金の手頃さによって人気が高まり、「婚活アプリ」の市場規模は、結婚相談所などのリアルな出会いを仲介する市場に迫る勢いだという。

　婚活へのAI活用はネット上のみにとどまらない。

　人同士は話さず、ロボットを介して会話する「ロボット婚活パーティー」も行われている。婚活では、相手との会話を通じて上手に自分をアピールすることが重要な要素となるが、ここ数年、自身のコミュニケーション力に自信が持てない若者が増えているという。そこで、会話に苦手意識を持つ人でも、気軽に婚活に参加してもらおうと、ロボットやAIなどの産業の育成に取り組む団体が主催したのが「ロボット婚活パーティー」である。

　パーティー参加者は事前に趣味や勤務先など、45項目の質問に答え、主催者側がそれをもとに会話内容を考え、小型ロボットに会話を入力。当日は、ロボット同士が参加者に代わって3分間の自己紹介を行う仕組みだ。

　実際に行われたパーティーからは男女28名の参加者中、4組のカップル

19

が誕生し、参加者からは「ロボットのおかげであまり緊張しなかった」「プロフィールはロボットが話してくれるので、何回も話さずに済んで楽だった」といった感想が寄せられたという。

主催者側も「会話が苦手な人でもロボットがきっかけ作りをしてくれ、効率的な婚活ができることが証明された」と話す。

一方で、課題もある。

「婚活アプリ」は真剣に結婚したい人たちに人気の一方で、援助交際などを目的に使う人も紛れ込みやすい。アプリ運営会社は、ここでも AI の力を借りて、目的外利用の監視と排除に取り組んでいる。

ある運営会社では、「パパ活（パトロンを探す活動＝援助交際）」など、目的外利用でよく使われるキーワードを AI が自動的に検出し、こうしたキーワードを含むメッセージを投稿した人物に警告を出す。それでも投稿を続けるようなら「ブラックリスト」に載せて監視を強め、強制的に退会させることもあるという。

このような取り組みは業界全体に広がりつつあり、アプリなどの運営会社約 30 社が加盟する一般社団法人「結婚・婚活応援プロジェクト」は大手 7 社を中心に「7 つの約束」を策定、「より強固な個人確認の徹底」「ルール違反の監視」「ブラックリスト（即時退会ルール）の運用」などを申し合わせた。

同法人の担当者は「業界全体で安心・安全を心がけることで、マッチングサービスが『クールで当たり前』という文化を作りたい」としている。

米国では 2005 年以降に結婚したカップルの 3 分の 1 がネットで知り合い、

結婚後の満足度もより高いという研究結果がある。日本でも、地縁血縁など　64
の人間関係が急激に希薄化し、ネットの普及でリアルな付き合いを苦手とす　65
る若者が増える中、こうしたAI婚活の需要は、今後も増えつづけていくの　66
ではないだろうか。　67

❶.「今年29歳になる女性」が婚活アプリを利用する理由に当てはまらないものは、どれですか。

  a 相手が本気で結婚を考えているかどうか事前に確認できること

  b 相手の男性が女性の利用料金を全額支払ってくれること

  c 合コンや婚活パーティーに参加するのが苦手なこと

  d 仕事が忙しくて婚活に割ける時間があまりないこと

❷.「婚活アプリ」について、本文の内容と合うものに○、合わないものに×を書いてください。

  ①（ ）利用を開始する際の登録料はかからないケースが多い。

  ②（ ）AIの評価とは異なる結果に戸惑うスタッフが多い。

  ③（ ）利用料金の手頃さが人気の一因になっている。

  ④（ ）市場規模でリアルな出会いを仲介する市場を上回った。

  ⑤（ ）婚活以外の目的で利用した場合、退会になることがある。

❸.「婚活アプリ」では、AIを用いてどのようなことを行っていますか。本文から言葉を探して、二つ書いてください。（各11字）

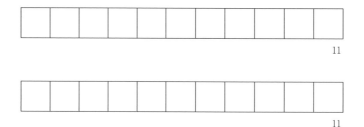

❹．「ロボット婚活パーティー」について、本文の内容と合うものに〇、合わないもの
　　に×を書いてください。

　　　　①（　　　）参加者は全員、ロボットや AI などの業界関係者である。

　　　　②（　　　）会話内容を考え、ロボットに入力するのは主催者側である。

　　　　③（　　　）パーティーの間、男女が直接話すことは禁止されている。

　　　　④（　　　）パーティーの開催後、4 組のカップルが結婚した。

　　　　⑤（　　　）主催者は、ロボットが婚活の効率化に役立つと考えている。

❺．「ロボット婚活パーティー」が開かれることになった社会的背景を、本文から言葉
　　を探して、36 字で書いてください。

			こ	と													

36

❻．筆者が考える、日本で AI 婚活が増えている理由を本文から言葉を探して、二つ書
　　いてください。（各 24 字）

			て	い	る	こ	と						

24

			て	い	る	こ	と						

24

① AIやロボットを使って結婚相手を探すことについて、どう思いますか。

② インターネットを通じて知り合いになった人がいますか。

初婚年齢の推移

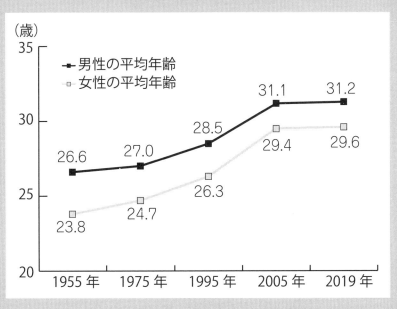

（厚生労働省「人口動態統計」から作成）

ネット系婚活を利用して結婚した人の割合の推移

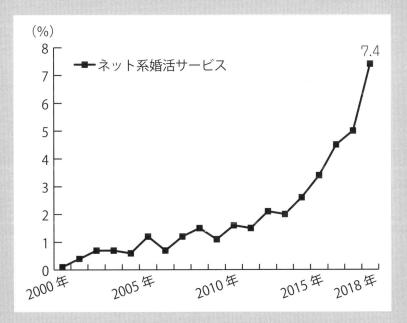

（リクルートブライダル総研調べ「婚活実態調査 2019」）

即答ツール

1 「[ⓐ]別れる！」

2 と、ミユキが言った。鬼のように血相を変えて。

3 「ケンジが今日『ソクツー』入れなかったら、いますぐ別れる！」

4 「まじで？　うーん」

5 俺は唸った。それがまたミユキのお気に召さなかった。

6 「はあ？　この期に及んでまだ即答しないとか何なの。いまどきのらくら

7 優柔不断やってんのケンジだけだよ。もうあたしの友達全員ソクツー入れて

8 るし。先週バーベキューの連絡まわったときもケンジの返事だけ遅くてその

9 せいでなかなか予定決まらなかったじゃん。すっごい顰蹙だった」

10 「顰蹙は悪かったけどさ。仕事が終わるか微妙だったし、体調も風邪気味

11 だったし、台風も来そうだったし、様子を見たかったし」

12 「だからって返事しなくていい理由になんないでしょ。すぐ返事しなさい

13 よ。みんなちゃんと一瞬で返事くれるよ」

14 「だったらそっちで勝手に俺のこと不参加扱いにしてくれよ。俺はそれで

15 いいよ」

16 「はあ？　何言ってんの。みんな彼氏つれてくるのにあたしだけ彼氏ぬき

17 なんてみっともなくて絶対むりだし。信じらんない」

18 「まじかよ」

19 俺は再び唸った。そんな俺の腕をミユキは強引にひっぱり、近所の家電量

20 販店まで連行した。

　たしかに俺の性格は受け身で内向的だ。彼女にぐいぐいひっぱられるのも、まあ嫌いではない。ミユキは俺とは正反対の、活動的で享楽的な性格で、「今日はどこそこのレストランで牡蠣を食べる」とか「次の連休はどこそこの温泉に行く」とか、次から次へと予定を立てて俺をつれまわす。ⓑ俺たちはバランスのいいカップルだと思う。俺は現状に不満を感じない。しかしミユキは不満だった。俺がメールの返事を書くまでに時間をかけすぎるところが、特に、非常に、不満なのだった。俺が無精であることは否めない。だが俺は俺で、慎重に時間をかけて熟考したいだけなのだ……。

　「なるほどー。でしたら、こちらの最新型ソクツー対応スマホ、いいと思いますよー。いまなら、お得なキャッシュバック適用期間中ですしー。ベストタイミングですねー」

　家電量販店のスマホ売場の男性店員は、にこやかに俺たちに最新型ソクツーを薦めた。

　「ほらあ、キャッシュバックだって。ちょうどいいじゃん」

　ミユキが俺の腕をゆさぶるが、お得とはいえべらぼうに安い値段になるわけでもないし、ⓒ俺はあいかわらず慎重だった。

　「でもあのう、なんていうか、ソクツーの書いてくれるメールの内容って、どれくらいの精度で信じられるんですかね？　人間の気持ちを、ソクツーは自動で代弁してくれるっていうけど、掌の体温とか心拍数とか汗の質から心理状態を読みとってるんでしょ？」

　「あー。それは、昔の初期型ソクツーの話ですねー。昔のものは正直、ちょーっとだけユーザーの気分とズレることもありましたねー。そのズレも『うどん食べたい』が『天丼食べたい』になる程度でしたけどねー」

　「うどんと天丼はけっこう違いませんか」

「ですかね、あはは一。それから、すぐに次世代型が出まして、ユーザーの顔認識からの表情分析からの独自の心理パターン学習機能の充実によって、すごく精度があがりましたよねー。初期型が『パスタ食べたい』しか書かなかったところを、『ペペロンチーノ食べたい』まで書けるようになりましたねー」

「うーん。でも胃袋の大半がペペロンチーノに傾いてても、カツカレー気分も捨てがたい的な状況ってありますよね。こんなどっちつかずな気持ちを、機械が代弁できます？」

「よくぞおっしゃいましたー！」

ぱぱん、と店員が両手を叩いた。

「なーんと、そこまで、できちゃうんですね、最新型ソクツーはー」

「まじすか」

「こちらの新発売の最新型ソクツーは、ユーザーの体内に専用ナノマシンを埋めこむことで、神経伝達物質の増減ですとか活動電位の変動などにも即時対応しまして、つまり、段違いの、たいへんクリアーなシンクロを実現できちゃうんですねー。もちろんナノマシンは人体に無害ですし、耐用年数を過ぎると自然に排泄されますー」

「すごいじゃないですか」

「なかでも、このオススメの最高級機種には『あいまい数値化』がついてまして、迷っているときには『ペペロンチーノ気分が75パーセント、カツカレー気分が20パーセント、いっそ両方食べたい気分が5パーセント』という具合に、迷いの内訳が数値化されますー」

「まじすか。すごく便利だ。ならそのオススメのやつを買います」

慎重な俺も、いざ買うと決めたら話が早い。代金を一括で支払い、さっそ

くその場でナノマシンを設定してもらった。首のうしろにナノマシンを埋める際に、ちくりと痛みはあったが、注射よりずっと軽い痛みだ。

「やったーっ。嬉しい！　これでケンジとメールするときのストレスがなくなる！」

ミユキは大喜びで、スマホ売場でサンバかジルバを踊りだしそうだった。そんなに俺とのメールのやりとりが苦痛だったのか。そこまで俺はダメダメな彼氏だったのか。<u>⒟俺はいささか楽しくなくなった</u>が、見ていろ、いまや俺には最新型ソクツーがついている。

「じゃあ試しに、俺にメール送ってみなよ」

おっけー、とミユキが言って、俺のスマホにメールを送ってきた。

《金曜日、いつもの仲間でカラオケパーティーやるよ。ケンジは？》

メールを受信したとたん、スマホが自動的に返信作成画面にきりかわり、俺が何もしなくてもすらすらっと文字を並べた。

《いつもの仲間ってことはハルコも呼ぶよな。ハルコが来るなら俺も行く》

んん？　と、（　ア　）が眉間に皺を刻んだ。いぶかしげな顔のまま、次のメールを送ってきた。

《（　イ　）に何か用事があるの？》

《悪いけど俺、（　ウ　）より（　エ　）のほうが話題が合うし、一緒にいて楽なんだ。（　オ　）は仕切りたがり屋で、仲間うちの女王様きどりで、自分が場の中心になってないと拗ねるだろ。俺のことは友達に見せびらかすアクセサリーかペットみたいに扱うし、彼氏として大事にされてる実感がないんだよな。（　カ　）は地味で控えめな子だから、（　キ　）はよく『（　ク　）は可愛くない』とか『お洒落じゃない』って友達のくせに馬鹿にしてるけどさ、（　ケ　）は性格がいいだけじゃなくスタイルもいいし、男には（　コ　）

のほうが人気があるんだ》

　俺の最新型スマホから送信されたそのメールを、俺の目の前で読みながら、ミユキがわなわなと震えはじめた。

　「はあああー？　何言っちゃってんの？　あーそう、ふーん、そういやあそうよね、あんたいつも仲間で集まるとハルコのおっぱいばっかり見てるもんね、助平（すけべい）！」

　「いや、ちょっと待て。機械のエラーだろ。俺、こんなこと考えてないって」

　「ないわ……　ありえないわ……　超屈辱だわ。別れる。サヨナラ！　つーか死ね！」

　猛烈なローキックを俺の脛（すね）に一発浴びせて、憤然とミユキが立ち去っていった。

　「いててて、まじかよー……。あの、店員さん、ちょっと！　これ不良品でしょ！」

　俺は弁慶の泣きどころの痛みに悶絶しながら、必死にさっきの店員に訴えた。だが店員は、鉄壁の営業スマイルを崩さない。

　「不良品ではないですね、ⓔ仕様です！」

　「いやでも、俺が考えてもいないことを、ソクツーが勝手に……」

　「『考えてもいない』と自分で思っていただけなのではありませんか？　心理学でいうところの『否認』とか『抑圧』ですねー。ありのままの自分の本心に従うと厄介なことになると思って蓋（ふた）をしていませんでしたか？　あえて思考停止して、彼女に支配されていませんでしたか？　惰性のつきあいになっていたのでは？」

　「そりゃあ、仲間うちに、波風は立てたくなかったですけど……。うーん、まあ、ⓕ現状維持のほうが疲れないかなーとは、思ってましたけど……」

「じつはお客様は、すでに、ハルコさんからも愛を告白されていたりしま
せんか？」

「えっ。なんで知ってるんですか！」

「最新型ソクツーは、ユーザーの幸福を最優先しますので。でしたら、ハ
ルコさんとおつきあいされて相思相愛、万事解決ですねー」

なるほど。

そういう仕様なら、納得できなくもないな、と俺は思った。

なので俺は、俺のソクツーを気に入っている。

たぶん、57パーセントくらい。

（若木未生「即答ツール」人工知能学会編『人工知能の見る夢は　AIショートショート集』

文春文庫）

 問題

❶．ミユキが「『ⓐ別れる！』」と言うきっかけになったのは、どんなことですか。

    a　ケンジの仕事が忙しくてなかなか会えなかったこと

    b　ケンジがソクツーを最新型に入れ替えるのを断ったこと

    c　ケンジがデートの計画をいつもミユキに任せてきたこと

    d　ケンジがバーベキューの連絡にすぐ返事しなかったこと

❷．「ⓑ俺たちはバランスのいいカップルだと思う」とありますが、それはどうしてですか。

    a　「俺」は現状に不満を感じていないが、ミユキは不満だから。

    b　「俺」は受け身で内向的だが、ミユキは活動的で享楽的だから。

    c　「俺」は倹約好きな性格だが、ミユキは贅沢好きな性格だから。

    d　「俺」は無精な性格だが、ミユキは慎重に熟考する性格だから。

❸．「ⓒ俺はあいかわらず慎重だった」とありますが、ソクツーの何が気になって、すぐに買おうとしなかったのですか。二つ書いてください。（各2字）

❹．「ⓓ俺はいささか楽しくなくなった」のは、どうしてですか。

    a　ナノマシンを埋める際に痛みを感じたから。

    b　ミユキがサンバもジルバも踊らなかったから。

    c　最新型スマホが一括払いでしか買えなかったから。

    d　ミユキが「俺」とのメールでストレスを感じていたから。

❺．（ ア ）～（ コ ）にはそれぞれ「ハルコ」「ミユキ」のどちらが入りますか。

記入してください。

ミユキ	ハルコ
ア	

❻．「ⓔ仕様です」とありますが、最新型ソクツーはどのような仕様になっているので

すか。本文から言葉を探して、15字で書いてください。

											す	る	仕	様

15

❼．「ⓕ現状維持」というのは、ここではどういう意味ですか。10 ～ 15字で書いてく

ださい。

10　　　　　　　　　　　　　15

発 展

① 読み物の最後、「俺は、俺のソクツーを気に入っている。たぶん、57 パー

セントくらい。」には、ケンジのどんな気持ちが表れていると思いますか。

② あなたは読み物のような機能があるスマホがほしいですか。それはどうし

てですか。

③ _____

消える職業

　人工知能、いわゆる AI の普及により、近い将来消える職業が少なからず生まれるとの報道が世界を駆け抜け、大きな衝撃を与えました。

　2013 年、イギリスのオックスフォード大学の研究チームが『雇用の未来—コンピューター化に影響されやすい仕事』という研究論文を発表し、10 年から 20 年後にも「残る仕事」と「なくなる仕事」を予測しました。それによると、702 種に分類したアメリカの職業の約半数が消滅し、全雇用者の 47％が職を失う恐れがあるとしています。これはもちろん、アメリカだけに限った話ではなく、日本でも、そして皆さんの国でも、事情はそれほど変わらないかもしれません。

　それでは、来たる AI 時代を生き残る方法は何か。それはずばり、「読解力」を身につけること！

　新井紀子はその著書『AI vs. 教科書が読めない子どもたち』の中で、AI に代替されない能力とは「意味を理解する能力」であり、それは高度な読解力を養うことによって身につくものであると述べています。

　ですから皆さんも未来に向けて、さまざまな読み物にぜひともチャレンジしていきましょう！

10〜20 年後になくなる職業		10〜20 年後まで残る職業	
1	電話販売員（テレマーケター）	1	レクリエーション療法士
2	不動産登記の審査・調査	2	整備・設置・修理の第一線監督者
3	手縫いの仕立て屋	3	危機管理責任者
4	コンピューターを使ったデータの収集・加工・分析	4	メンタルヘルス・薬物関連ソーシャルワーカー
5	保険業者	5	聴覚訓練士
6	時計修理工	6	作業療法士
7	貨物取扱人	7	歯科矯正士・義歯技工士
8	税務申告代行者	8	医療ソーシャルワーカー
9	フィルム写真の現像技術者	9	口腔（こうくう）外科医
10	銀行の新規口座開設担当者	10	消防・防災の第一線監督者

出典：松尾豊「人工知能は人間を超えるか」（角川 EPUB 選書）

03

見る脳、聞く脳

First presented by Fraser (1908);
Reproduced by Akiyoshi Kitaoka (2009)

ラジオは脳に効く

1 　私はいつも出勤前、ラジオを流す習慣があるのだが、毎度多忙な朝のこと

2 とて、いろいろバタバタ、集中して聞いているわけではない。そんなある日、

3 ラジオのパーソナリティーが「いやあ、@ラジオが脳に効くっていう話があ

4 るのは、この業界で仕事をしている人間にはうれしいことですね〜」と語る

5 のを偶然耳にしたのである。

6 　ラジオが脳に効く？　どういうこと？

7 　ただまあ、そのときは朝の支度で忙しい出勤前のこと。気にはなりつつも

8 ラジオのスイッチを切らざるを得ず、そのまま仕事先へと向かって出かけて

9 行ったのだった。

10 　さて、それからほどなく手にした一冊の本が、その名もほかでもない『ラ

11 ジオは脳にきく』。著者は板倉徹さんという、和歌山県立医科大学の脳神経

12 外科教授を務められ、後に同大学学長に就かれた人物だ。

13 　著者は冒頭、現代は未曽有の便利な時代であって、それが逆に脳機能の低

14 下を招いていると説く。とりわけテレビやゲームは人の想像力を司る前頭連

15 合野の機能を低下させ、いわゆる「キレる子ども」の増加や、高齢者の認知

16 症リスクを高めているとし、それに対抗するために有効なのがラジオである

17 という。

18 　何故、「ラジオは脳に効く」のか。板倉氏は「ラジオは脳に届く情報が少

ないからいい」という。「映像による情報がなく、音声情報しか脳に届かないため、脳は得られない情報を補おうと働く」というのだ。

　人は外部から情報を得る際には五感を用いるが、そのうち、視覚が占める割合は実に8割にのぼるといわれる。しかしその結果、現代人は視覚に頼って情報を手に入れることに慣れきってしまっており、脳が活性化しにくくなっている。一方、情報が音声のみの場合、脳はそのあらゆる部位を駆使してさまざまな情報を補い、想像して視覚化するというプロセスを踏むため、脳が広い範囲にわたって活性化される。

　氏によると、その際特に重要なのが、前頭連合野が活性化されることだという。動物は高等なものであるほど、この前頭連合野が大きく発達している。つまり、人を人たらしめているのが、脳の中のこの部分である。そして、ラジオを聞いて想像を働かせる際に記憶の中から関連情報を引き出し、推測しながら情景を組み立てていくときにフル稼働しているのが、この前頭連合野なのだという。

　なるほど。人を人たらしめている脳の部位が活性化されていれば、認知症にも、キレる子どもにもなりにくくなるというのは、ある意味非常に納得のいく話である。

　しかしながら、ラジオの脳への効能はそれだけではないと、板倉氏はいう。

　通常、私たちはラジオを聞くとき、それだけに集中してほかのことは何もしないという聞き方はあまりしない。車の運転をしながらとか、家事をしながらとか、シャワーを浴びながらとか、「ながら聞き」をしていることが多いのではないか。私もそうだ。

　氏はそこで、「『同時に二つのことをする』ことが脳を鍛える」という。同

時に二つのことを行うことは、大変高度な脳の活動を伴うものであり、その分、脳への負担は非常に大きく、したがって、脳がこれほど活性化されることはない。そのため、初期アルツハイマー病患者が同時に二つのことをするのは、非常な困難を伴うことだという。

　氏によると、⑤軽症のアルツハイマー病の診断として、患者に服を脱いでもらっている最中に、「生年月日はいつですか」と聞くのだそうだ。その際、生年月日をすらすら言える人に、アルツハイマー病とは診断しないという。

　さて、ここまで読んできた読者の中には、こんな疑問を抱く人もいるかもしれない。「ラジオが脳に効くことはわかった。それでは、一体どんなラジオ番組を聞けば、とりわけ脳には効果的にはたらくのか」と。

　もちろん、板倉氏はそれに対する答えも用意してくれている。

　まず挙げているのがニュースだ。事件の起こった街並みや犯人像、それを取り巻く人たちなどなど、ニュースのナレーションを聞きながら想像力をフル稼働させれば、脳の活性化におおいに役立つという。そして、それと似た効果があるものとして、ラジオドラマやスポーツ中継が挙げられている。

　それから音楽関連番組だ。ラジオ番組に占める音楽関連番組の割合は、テレビに比べてはるかに多い。「音楽療法」という言葉があるように、音楽が脳の健康に効果があることはなんとなくわかるのだが、そのあたりの解説にも、氏に抜かりはない。いわく、人は仕事などで「がんばっている」ときには左脳を使い、それがいきすぎると「がんばらない」脳である右脳が活性化してブレーキをかける。このバランスが崩れてしまうと、うつ病等を引き起こす要因となるが、音楽は右脳を活発化させることにより、とかくがんばりすぎてしまう現代人の脳の、左右のバランスを保つのに、非常に役立ってい

るのだという。

　一時は時代遅れのメディアと考えられていたかもしれないラジオ。しかし近年はラジオ放送がスマホで聞けるアプリが登場したり、ネットラジオ局が続々開局したりするなど、復活の兆しを見せている。

　板倉氏の主張に従うならば、「これはもう、今日から毎日欠かさずラジオを聞くしかない！」と、そろそろ認知症が気になりはじめた年頃の私など、あらためて心に決めた次第である。

読み物 1　問題

❶. 本文によると、現代人の脳機能の低下を招いている原因は何ですか。本文から言葉
を探して、30字で書いてください。

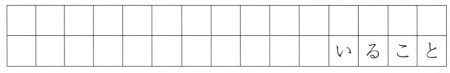

											い	る	こ	と

30

❷. 「⦿ラジオが脳に効く」理由として、本文の内容と合わないものは、どれですか。

    a　脳に届く情報が少ないこと

    b　いつでもどこでも聞けること

    c　同時にほかのことができること

    d　音楽関連番組の割合が多いこと

❸. 板倉氏が「ⓑ軽症のアルツハイマー病の診断として、患者に服を脱いでもらっている最中に、『生年月日はいつですか』と聞く」のはどうしてですか。本文から言葉を探して、40字で書いてください。

						か	ら				

40

❹．本文によると、その効果が前頭連合野の活性化とは<u>異なるもの</u>は、どれですか。

　　　　a　音楽関連番組

　　　　b　スポーツ中継

　　　　c　ニュース番組

　　　　d　ラジオドラマ

❺．本文の内容と合うように、正しいほうを選んでください。

　　音楽を聞くと（ a　右脳　左脳 ）が活性化して、脳の「がんばり」を

　　（ b　促し　抑え ）、（ c　うつ病　認知症 ）などにかかるリスクを（ d　上げ

　　る　下げる ）。

❻．「現代社会の状況」について、本文の内容と合うものに○、合わないものに×を書

　　いてください。

　　　　①（　　　）「キレる子ども」が認知症になりやすくなっている。

　　　　②（　　　）耳で聞いた情報を視覚化するようになっている。

　　　　③（　　　）左右の脳のバランスがとりにくくなっている。

　　　　④（　　　）視覚による情報の取り込みが増えている。

　　　　⑤（　　　）ラジオを聞けるチャンスが増えている。

　　①　あなたはいつも、何を通じてニュースなどのいろいろな情報を手に入れて

　　　　いますか。

　　②　あなたの国には、「○○すれば、頭がよくなる」「○○すると、認知症にな

　　　　りにくい」と言われていることがありますか。また、逆はどうですか。

錯視の不思議

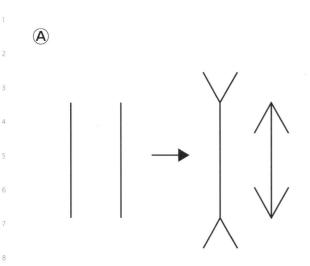

Ⓐを見てください。2本の等しい長さの線の両端に、それぞれ矢印のようなものを、向きを変えて加えると、左右どちらのほうが長く見えますか。たぶん、左のほうが長く見えるのではないでしょうか。このように、本当は同じ長さなのに違う長さのように見えてしまうような、事実と視覚で感じたこととの間に齟齬が生まれてしまう現象のことを、「錯視」と呼んでいます。

　皆さんの中には、Ⓐについてはすでにご存知、という人も少なくないかもしれませんね。それでは、Ⓑはどうでしょう。どこの家にでもあるようなコンセント。でも、何かほかのものに見えませんか。そう、「人の顔」です。実はこれも広義の錯視の一つで、シミュラクラ現象と呼ばれるもの。シミュラクラ現象とは、三つの点や線が集まった模様や物体が人の顔のように見えてしまう脳の働きのことです。そうとわかっていながら人の顔のように見えてしまうようなことは、ほかにも自動車のフロント部分や壁のしみなど、私たちの身の回り

にあふれています。

　このように、錯視は私たちの生活のごく身近なところに存在しています。

　ここでは、錯視の中でも代表的なものについて、いくつかのカテゴリーに分けて紹介していきましょう。

　まずは「幾何学的錯視」。長さ・大きさや、線の向きなどが実際とは異なって見える種類の錯視です。

　近代的な錯視の研究が始まったのは19世紀中ごろのドイツで、その嚆矢となったのが、縦線と横線は同じ長さなのに、縦線のほうが長く見える「フィック錯視」と呼ばれるものです。その後、幾何学的錯視にはさまざまなものが次々と発見・発表されました。「ツェルナー錯視」もその一つ。左右に引かれた直線は、すべて平行なのですが、交互に傾いているように見えませんか。これは水平線と斜線が交差してできる角度のうち、鋭角のほうが実際より大きく見えることによって起こる現象です。そのため、私たちには交互に傾いて見えるのです。ちなみに鋭角の側が10〜30度のときに錯視が起こりやすくなります。

フィック錯視　　　　　　　　　　ツェルナー錯視

次に、同じ明るさのものが異なる明るさに見える「明るさの錯視」。皆さんには、左内側の正方形のほうが右側より明るく見えるでしょうが、物理的には同じ明るさです。これは明るさに反応する脳の神経細胞が、（　ア　）色と（　イ　）色が接するところでは、（　ウ　）部分はより明るく、（　エ　）部分はより暗く見えるように働くことによって起きる現象です。

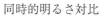

同時的明るさ対比

それから「動く錯視」。その実質的な出発点になったといわれるのが、ドイツの視覚研究者スピルマンらが1986年に日本人デザイナー、オオウチハジメさんの著書の中で発見した「オオウチ錯視」です。90度角度が異なる市松模様を組み合わせると、中央の円形の部分とその外側がそれぞれ違う向きに動いているように見えませんか（外側が止まっていて、中央の円形の部分だけが動いているように見える場合もある）。特に斜め方向に動かすと、錯視が起こりやすくなります。

こうした動く錯視（動いているように見える錯視）は、知覚の時間差で起こるもの、眼球の不随意運動に基づくもの（止まっているように見えて、実は微妙に動いている）、原因がよくわからないものなどさまざまです。なお、動く錯視の中には人によって動いているように見えないものもあり、個人差があるようです。

オオウチ錯視

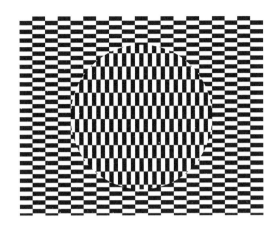

いかがでしたでしょうか。

　先ほど私は、事実と視覚で感じたこととの間に齟齬が生まれてしまう現象を「錯視」と呼ぶと書きました。でも、視覚で感じたことを実際に判断するのは脳の仕事。本当は違うのに、そう見えてしまうのはつまり、脳がだまされているからということになります。

　ではなぜ、脳はだまされるのか。錯視が起きる原因はその種類によってさまざまで、なかには理論的に説明のつかないものも少なくありません。けれども、おそらくその根本では、「こうあるはず」とか、「こう見たい」という、私たちの無意識の思い込みが、少なからず作用しているのではないでしょうか。

　ⓒを見てください。エビングハウス錯視といわれる幾何学的錯視の一種ですが、左右の中央の円の大きさはそれぞれどのように見えますか。

　ある実験によると、5歳児以上は小さい円に囲まれている円のほうが大きい円に囲まれている円より大きいと答えたのに対して、4歳児は両方の大きさを同じと、正しく答えたのだそうです。

53
54
55
56
57
58
59
60
61
62
63
64
65
66
67

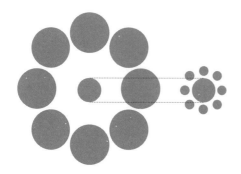

68　　人は年齢を重ねるにつれて判断力も高まるという常識的な考え方も、この実

69　験結果を聞くと、ややおぼつかなくなります。しかも、人が取得する外部情報

70　のほとんどは視覚に頼っているという事実を鑑みれば、なおさらでしょう。

71　　ＩＴ（情報技術）の飛躍的進歩を背景に、それを利用した数多くのおもし

72　ろい作品が発表され、愛好者も急増しているといわれる錯視。情報がますま

73　すあふれかえる現代にあって、錯視はその不思議さ、おもしろさを通じて、「物

74　事の本質を見る目」の大切さを私たちに教えてくれているのではないでしょ

75　うか。

問題

❶. 筆者が紹介している錯視のうち、Ⓐはどれに当てはまりますか。

　　　a　幾何学的錯視

　　　b　フィック錯視

　　　c　ツェルナー錯視

　　　d　シミュラクラ現象

❷.「そう」の部分と<u>置き換えることができない</u>言葉はどれですか。

　　　a　錯視

　　　b　コンセント

　　　c　どこの家にでもある

　　　d　シミュラクラ現象

❸. 本文のア〜エに入る言葉の組み合わせとして、正しいものはどれですか。

	（　ア　）	（　イ　）	（　ウ　）	（　エ　）
a	（明るい）	（暗い）	（暗い）	（明るい）
b	（明るい）	（暗い）	（明るい）	（暗い）
c	（暗い）	（明るい）	（明るい）	（明るい）
d	（暗い）	（明るい）	（暗い）	（暗い）

❹.「動く錯視」について、本文の内容と合うものに○、合わないものに×を書いてください。

　　①（　　　）錯視の中では、もっとも古い歴史を持つ。

　　②（　　　）皆が同じように見えないものもある。

　　③（　　　）オオウチハジメによって発見された。

　　④（　　　）動いて見える原因がよくわからないものもある。

　　⑤（　　　）オオウチ錯視は、斜めに動かすと起こりやすくなる。

❺.筆者は、錯視が起こる理由をどのように考えていますか。本文から言葉を探して、11字で書いてください。

11

❻.筆者がこの読み物を通じて訴えたいことは何ですか。本文から言葉を探して、15字で書いてください。

15

発　展

① 昔の日本人には、英語の「What time is it now ?（今何時ですか）」が「掘った芋いじるな」と聞こえたそうです。このように、皆さんには違う意味で聞こえる日本語がありますか。

② インターネット上で多種多様な画像、動画などが見られるようになったことについて、どのようなメリット、デメリットがあると思いますか。

③ _____

江戸のだまし絵

　江戸時代を代表する浮世絵作者の一人、歌川国芳（うたがわくによし，1797～1861）。彼もほかの浮世絵作者と同じように、歌舞伎の役者絵や美人画などを数多く残しましたが、それと同時に、「だまし絵」という、見る人に「何、これ？」と思わせて、楽しませるような絵を残し、近年注目されるようになっています。

　①はあるものを寄せ集めて、別のものに作りあげ、立体的に見せる「寄絵」と呼ばれるもの。裸の男たちが集まって、人の顔や手を形づくっています。

　②は上下反対にするとちがう顔になる、一つの絵が二つの顔をもつ「両面相」と呼ばれるもの。

　国芳の作品は、江戸時代の人たちも、私たちと同じように笑い、楽しむことが大好きで、毎日の暮らしを生き生きと営んでいたことを教えてくれます。

①

歌川国芳『みかけハこハゐ
　　がとんだいい人だ』

②

歌川国芳『両面相 だるま げどふ とくさ
　　かり 伊久』

04

外来生物の今

動物たちの怒りと涙

1 　数多のオフィスや店舗が立ち並ぶ東京都内の一等地、赤坂。この高層ビル

2 が林立する都心の街の一角に、ある日突如としてアライグマが出没し、周囲

3 は一時騒然となりました。

4 　目撃者からの通報を受けて地元警察や消防が出動し、およそ2時間半にも

5 及ぶ大捕物の末、ようやく捕えられた「赤坂のアライグマ」。当日、翌日の

6 TV ニュースや新聞記事で取り上げられ、ⓐ全国的な話題となりました。

7 　現場となった赤坂周辺には、ホテルの庭園や比較的広い敷地を持つ神社な

8 どがあり、少し足を伸ばせば皇居の森も広がっていることから、それらのど

9 こかに生息していたものが何かの拍子で街中に迷い込んでしまったのではな

10 いかとの憶測も流れましたが、結局どこから来たのかはわからずじまいだっ

11 たようです。

12 　アライグマは北米原産の哺乳動物。雑食性で、成長すると体重は10キロを

13 超え、尻尾も含めた全長は1メートル前後にもなるといわれています。日本

14 では1977年にアライグマを主人公とす

15 るテレビアニメが全国ネットで放映され

16 て以降人気に火が付き、そのぬいぐるみ

17 のように愛くるしい外見や、器用な前肢

18 を使い、水で食べ物を洗うように見える

19 仕草に魅せられて、ペットとして飼育す

アライグマ

る人々が急増しました。けれども、おとなしく、かわいらしいのは子どもの
頃だけの話。成長するとともに気性が荒くなり、爪を立てたり牙をむいたり
する野生動物本来の姿に恐れをなした飼い主たちに飼育放棄されたり、元い
た場所から逃げ出したりするものが増え、野生化が進みました。

　野生化したアライグマは、その後生息域を日本のほぼ全域へと拡大させ、
農業被害や漁業被害、そして民家の屋根裏などに棲みついて住居を汚すなど
の生活環境被害を各地にもたらし、被害金額は農業被害だけでも一時、年間
3億円以上に上りました。

　その結果、アライグマは2005年に「特定外来生物」に指定されてしまい
ます。「特定外来生物」というのは、「外来生物法」によって指定された動植
物で、飼育や栽培が原則禁止されるほか、これに指定されると国レベルの政
策として防除が行われるようになります。それ以降、アライグマの捕獲数は
急増し、2010年度には全国でおよそ2万5千頭のアライグマが捕獲されま
した。

　それからもう一つ、ここで取り上げたいのがマングースです。

　マングースがインドから沖縄県に持ち込まれたのは1910年。沖縄の人た
ちは現地に生息する毒ヘビ、ハブによる被害に悩まされていました。そこ
で、インドでマングースが毒ヘビのコブラと対決する見世物を目にした人物
が「ハブを退治するのにちょうどいい」
と考え、17匹のマングースを持ち帰っ
たのがはじめとされています。インドの
見世物同様、「ハブとマングースの対決
ショー」は日本国内でも人気となり、「ハ

マングース

ブとマングース」という言葉が「相性が悪くてけんかばかりしているような人間関係」を表す慣用句として定着するほどになりました。

　ところが、肝心のハブ退治はというと、ⓑ大失敗に終わることになります。そもそもマングースは日中に活動する昼行性なのに対して、ハブは夜に活動する夜行性。自然界でお互いが出会うチャンスはめったになかったのです。そのため、日本に連れてこられたマングースたちは、ハブではなく、在来の虫やネズミ、鳥や果実などを食べ、その数を爆発的に増やしていきます。マングースの餌食（えじき）になった生き物たちの中には、ヤンバルクイナやアマミノクロウサギ、アマミイシカワガエルのような希少種も含まれていました。

　その結果、マングースもまた、アライグマと同じような運命をたどることになります。移入先の一つである鹿児島県の奄美大島（あまみおおしま）では、2000年度から国が本格的な駆除事業を開始。ピーク時には1万匹を超えるといわれていたものが、2018年度に確認されたのはわずか1匹で、根絶目前といわれています。

　「ペットに心を癒されたい」「人に危害を加える生物を退治したい」「なんとかして金儲（かねもう）けがしたい」……。

　人間誰しも、こうした感情を抱くのは自然なことなのかもしれません。けれども、そうした感情を満たすために、生き物たちを他所から連れてきて、都合に合わなくなるともはや用済みとばかりに放擲（ほうてき）し、最後は捕獲、根絶へと向かうケースは今や世界中で枚挙に暇がないほど生じていて、それらを目の当たりにするたびに、ⓒ複雑な気持ちを抱かずにはいられなくなります。

　「知らない国にペットとして連れてこられたあげく、飼いにくいと捨てられ、必死で生き抜こうとしたら、見つけ次第殺せと言われる。日本生

まれの僕らは原産国でも外来種扱いだから帰れない。なんで売ったの？　65

　どうして輸入許可したの？　自分がそうだったらって考えてみてよ」　66

　〔「侵略！外来いきもの図鑑　もてあそばれた者たちの逆襲」（PARCO 出版）より引用〕　67

アライグマのこの問いかけに、あなたなら、どう答えますか。　68

問題

❶. この出来事が「⒜全国的な話題」となったのは、どうしてですか。15字にまとめて
書いてください。

													か	ら

15

❷. 人々はアライグマのどんなところに魅力を感じましたか。本文から言葉を探して、
二つ書いてください。（各16字）

16

16

❸.「アライグマ」について、本文の内容と合うものに○、合わないものに×を書いて
ください。

　　　① （　　　）日本で人気を呼んだ理由はテレビアニメである。

　　　② （　　　）成長するとともに気性が荒くなっていく。

　　　③ （　　　）ある年の被害額は全体で3億円以上に上った。

　　　④ （　　　）2005年度の捕獲数は2万5千頭以上に上った。

　　　⑤ （　　　）日本生まれで捕獲されたものは原産国に返される。

❹. マングースが沖縄に持ち込まれたのはどうしてですか。本文から言葉を探して、9字で書いてください。

|　|　|　|　|　|　|　|た|め|
9

❺.「ⓑ大失敗に終わることになります」とありますが。それはどうしてですか。25字にまとめて書いてください。

|　|　|　|　|　|　|　|　|　|　|対|し|て|、|
|　|　|　|　|　|　|か|ら|
25

❻.「ⓒ複雑な気持ちを抱かずにはいられなくなります」とありますが、それはどうしてですか。

a　一部の人間だけしか、生き物を使った金儲けが許されないから。

b　人間の感情を満たすことは、悪いことだと考えられているから。

c　人間の感情を満たすために、多くの生き物が殺されているから。

d　ほとんどの人間は、生き物個々の特性をわかろうとしないから。

 読み物1 から 読み物2 へ

① あなたの国でも、問題になっている外来生物がいますか。

② あなたの国にも、「ハブとマングース」のような、動物を使った慣用句やことわざがありますか。

読み物2

「日本発」の外来種

はじめに

1　外来種問題というと、これまで日本では「か弱い国内在来種」とそれに襲
2　いかかって駆逐する「しぶとく凶暴な外来種」といった図式で見なされがち
3　で、被害者感情ばかりが強調されるきらいがあったが、近年さまざまな調査
4　が進められるにつれて、むしろ日本の在来種のほうが海外で加害者となって
5　いると考えられるケースも、少なからず見られるようになっている。

「味噌汁の具」がなぜ？

6　味噌汁、サラダ、酢の物にと、日本では手頃な食材として重宝されている
7　ワカメだが、海外では大変迷惑な外来生物として、国際自然保護連合（IUCN）
8　が発表した「世界の侵略的外来種ワースト100」（生態系や人への影響の大
9　きさなどから、専門家が「危険」と考える外来種のリスト）に、その名を連
10　ねるほど問題視されている。

11　ワカメはもともと日本や朝鮮半島の近海に生息する海藻であるが、それが
12　今では、アメリカ、フランス、イタリア、オーストラリア、ニュージーラン
13　ド、黒海、地中海など世界中の海域で確認されるようになっている。

14　なぜワカメが世界中で繁殖するようになったのか。その原因とされるのが、
15　日本に荷揚げしたタンカーなどの船舶が船体の安定を保つために、船倉に取

り込んでいる「バラスト水」だ。ワカメの胞子を含む「バラスト水」が日本の港で船倉に入り、海外の港でばらまかれてしまったのである。

　ワカメは繁殖力が強いために、ほかの藻類を駆逐してしまうほか、養殖のカキやホタテ、ムール貝、イセエビなどの成長を阻害したり、漁業用の機械にからまったりするなど、現地の水産業に今も重大な損害を与えつづけているという。

　ちなみに日本以外ではワカメを食べる習慣がほとんどないため、それを有効活用しようとする動きは、今のところほとんど見られないようだ。

■「日本文化の象徴」も？

　「世界の侵略的外来種ワースト100」には、古来より観賞魚として愛でられ、私たち日本人には大変身近な魚である「コイ」も挙げられている。5月5日の子どもの日に揚げられるこいのぼり、そして日本庭園の池の中を優雅に泳ぎまわる錦鯉の姿はまさに日本文化の象徴であり、愛好者に数百万円という高値で取り引きされるものもあるほど、人気を集めている。

　このように、ワカメと同様日本では「外来種」という言葉から受けるイメージとはかけ離れたところにあるコイ。しかしコイは、比較的流れが緩やかな川や池や沼、湖、用水路など、淡水に広く生息し、汚染にも強く雑食性で何でも食べ、さらに低温にもよく耐えられる生きものである。成長すれば60センチ、なかには100センチを超える大きさに育つために天敵が少なく、また泥臭いという理由で食用にされにくいこともあって、移入先の北アメリカなどでは爆発的に個体数を増やして問題となっている。

　なお、コイの仲間は日本だけでなく、東欧（黒海、カスピ海、アラル海）

から東アジアのユーラシア大陸の広域にわたり自然分布すると考えられている
ため、たとえば北アメリカに移入されたコイがどこから持ち込まれたのか
は、はっきりしない点も多い。また、明治以降、外国産のコイが日本各地に
放流され、広い範囲にわたって在来集団への遺伝的撹乱が進んでいることも
付記しなければならないが、観賞魚として飼育されていた日本生まれの錦鯉
がひとたび川に放流でもされてしまえば、「日本発の外来種」が爆発的に広
がる危険性を常にはらんでいるという事実は、ここで強調しておいてもよい
だろう。

外来種の里帰り？

「世界の侵略的外来種ワースト100」のリストに記載されている日本とか
かわりのある生物のうち、やや珍しい事例として「カエルツボカビ」を最後
に取り上げてみたい。ワカメやコイにくらべ、一般的な知名度という点では
圧倒的に劣るものの、2006年に日本国内でペットとして飼育されていた南
米産ベルツノガエルへの感染が確認され、カエルツボカビが日本に上陸した
ことが報じられたときには、これで日本の両生類が絶滅するのではないかと
の不安が一気に広がった。

カエルツボカビは両生類の皮膚にのみ寄生する病原菌で、1990年代から
世界的な流行が始まり、各地で希少両生類が絶滅の危機に陥っているとされ
ていたからである。

ところが専門家チームが調査を進めた結果、驚くべきは、この病原菌の起
源が実は日本にあったという事実であった。そしてその根拠となったのが、
日本の両生類がカエルツボカビと長きにわたって互いに影響しながら進化す

るという「共進化」を経た結果、菌に対して抵抗性を身につけていることが　58
判明したことである。そのため、カエルツボカビは日本国内ではごく一部の　59
両生類に低頻度でしか寄生しておらず、カエルやイモリの体全体に感染が広　60
がるケースはほとんどない。これは日本の両生類がカエルツボカビとの「共　61
進化」を経ているために、免疫機能を発達させていて、感染したとしても足　62
先など体のわずかな部分にしか寄生が起こらないからである。また、それと　63
同時に、日本には多様な菌類・細菌類が競合種、天敵種として生息しており、　64
カエルツボカビの「独り勝ち」を許さない環境が醸成されていることもわかっ　65
た。　66

　しかしその一方で、日本から食用のウシガエルやペット用のイモリ類が輸　67
出されたことで、カエルツボカビがこれといった天敵のない海外に持ち出さ　68
れ、抵抗性のない海外の両生類の間でパンデミック（世界的大流行）が引き　69
起こされる結果になってしまったと、専門家は指摘している。　70

おわりに

　現代は、貿易で年間数十億トンのバラスト水が世界各地の海域を大航海し、　71
世界を飛ぶ旅客機と貨物機の総数は、約 15,000 機／日にのぼる。そのほかに、　72
ペットや観賞用として移入した生き物が野に放たれてしまうケースも少なく　73
ない。　74

　外来種はそもそも在来の生態系に組み込まれておらず、放たれた先に天敵　75
がいなければ、在来種を駆逐して成長してしまうなどということも起こり得　76
る。またそれと同時に、農林水産業従事者をはじめとする人々に甚大な影響　77
を与え、結果的には移入先での経済活動が妨げられることにもつながりかね　78

ない。

　このように、外来生物の輸送に対しては生物多様性の保全という観点から
のみならず、世界経済の持続的な維持発展のためにもすべての国が責任を負
う必要がある。したがって、今後「外来生物条約」ともいうべき国際的な規
制の枠組みが実現されることが、ぜひとも望まれよう。

問題

❶. 「ワカメ」について、本文の内容と合うものに○、合わないものに×を書いてください。

　　①（　　　）以前は日本だけに生息していた。

　　②（　　　）今ではヨーロッパにも生息している。

　　③（　　　）ほかの藻類にくらべて広がる力が強い。

　　④（　　　）水産業者の作業の妨げになっている。

　　⑤（　　　）ワカメを食べるのは日本人だけである。

❷. ワカメが世界中で繁殖するようになったのはどうしてですか。本文から言葉を探して、45字で書いてください。

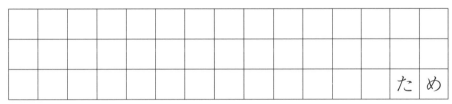

45

❸. 「コイ」について、本文の内容と合うものに○、合わないものに×を書いてください。

　　①（　　　）錦鯉（にしきごい）の人気は、日本より海外のほうが高い。

　　②（　　　）コイは、水質の悪さや水温の低さにも強い。

　　③（　　　）北アメリカのコイは、日本から移入された。

　　④（　　　）日本在来のコイの数量は、減りつづけている。

　　⑤（　　　）錦鯉が海外で爆発的に増える可能性は低い。

❹. 「カエルツボカビによるパンデミックが日本の両生類に起きなかった理由を、本文
　　から言葉を探して、二つ書いてください。（各28字）

							い	る	こ	と			

28

							い	る	こ	と			

28

❺. 筆者が考える外来種のマイナス面を、本文から言葉を探して、二つ書いてください。

（各15字）

15

15

❻. 下線に言葉を入れて、文を完成してください。

　　　①＿＿＿＿＿種問題というと、これまで日本では「か弱い国内②＿＿＿＿＿種」と
　　いう③＿＿＿＿＿者イメージが強かったが、④＿＿＿＿＿者となっていると考えら
　　れるケースも少なからず見られるようになっている。例えば、手頃な食材と
　　して重宝されている⑤＿＿＿＿＿＿や、古来より観賞魚として愛でられている
　　⑥＿＿＿＿＿などである。こうした事実もふまえ、世界規模で物資の往来が拡大
　　している現代においては、「⑦＿＿＿＿＿＿＿＿＿＿＿」のような、すべて
　　の国が⑧＿＿＿＿＿を負うべき⑨＿＿＿＿＿的な⑩＿＿＿＿＿の枠組みが実現される
　　ことが望まれている。

発　展

① 　あなたの国では、ワカメやコイを食べる習慣がありますか。

② 　あなたの国から海外に広がって、問題になっている生物がいますか。

③ _____

食べて減らそう

　生態系を乱し、人に危害を与える恐れがあるものもいるとして、人々からおおいに嫌われ、すっかり悪者、邪魔者のレッテルを貼られてしまっている外来生物。

　しかし今、それらの中でも食べられるものは食材として有効活用することで、数を減らしていこうとする動きが各地で広がっています。

　それらの一つ、ブルーギル。北米東部原産の淡水魚で、日本での生息地は今現在、ほぼ全国のいたるところに広がっています。ブルーギルはもともと原産地では食用に供（きょう）されていましたが、日本では肉付きがよくなるまで育たず、調理もしにくいといわれ、捕獲後はその多くがそのまま廃棄、駆除されてきました。

　それでも最近、インターネットのレシピサイトをのぞいてみると、ブルーギルの煮つけや天ぷら、バターソテーなど、さまざまな料理が紹介されていますし、ブルーギルの大量繁殖が続く琵琶湖（びわこ）を抱え、その対策に頭を悩ませている滋賀県では、「釣り上げたら持って帰って食べましょう」との看板を設置したり、地元の料理店でブルーギルを使った料理の開発や提供を推し進めたりしています。

ブルーギル

05

日本人と宗教

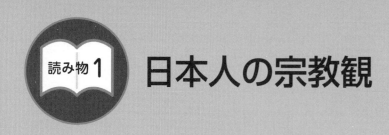

読み物1 日本人の宗教観

1 14日はバレンタインデー。好きな人にチョコレートを贈ったり、自分へ
2 のご褒美にしたりする恒例行事だが、起源がキリスト教の宗教儀式であるこ
3 とはあまり知られていない。ほかにもクリスマスやハロウィーン、初詣など、
4 信仰の有無に関係なく日本人に定着した宗教行事は数多い。特定の信仰を持
5 つ外国人から驚かれることもあるが、背景には日本人の宗教観が大きく関係
6 しているようだ。

7 （浜川太一）

チョコ市場活況

8 今月1日、大阪市中央区の高島屋大阪店。7階催会場には国内外から
9 150以上のチョコレートのブランドが集結し、甘い香りを漂わせていた。
10 「バレンタインと宗教の関係？　全然知りません」。子供に贈るチョコレー
11 トを買いに訪れていた同市阿倍野区の和田世里子さん(40)は首をかしげた。
12 日本チョコレート・ココア協会によると、バレンタインデーの起源は3世
13 紀ローマに遡る。当時の皇帝は強兵策のため兵士の結婚を禁じたが、バレン
14 タイン司祭が命令に反して大勢の兵士たちを結婚させ、その結果、皇帝の怒
15 りを買い、殺された。この日が2月14日とされ、以来、バレンタインデー
16 は司祭の死を悼む宗教行事になった。14世紀ごろからは、愛を告白し、贈
17 り物をする日になったという。

　和田さんは「夫の実家は寺だけど、クリスマスも祝うし、ツリーも飾る。₁₈
バレンタインデーといい、日本人はいいとこ取りなのかも」と笑った。₁₉

敬意が根底に

　京都市右京区の古刹、退蔵院。副住職の松山大耕さん(40)は、寺に生ま₂₀
れながら、中高はカトリック系の学校で学んだ経歴を持つ。₂₁

　学生時代に旅行したカトリック国のアイルランドで民宿の女性店主に自身₂₂
の経歴を話すと「アイルランドで⒜同じことをすれば、殺されても文句はい₂₃
えないわよ」と責められたという。₂₄

　当時はまだ若く反論できなかったが、その後、僧侶の修行を積む中で、日₂₅
本人の宗教観の本質を理解していった。「日本人は何かを信じるというより、₂₆
敬意を払う。宗教の違いに関係なく、大いなるものに対する敬意が根底にあ₂₇
る」₂₈

　クリスマスやバレンタインなど、外国由来の宗教文化が数多く日本に根付₂₉
くのも「古くから海外の文化を取り入れ、独自に発展させてきた日本らしい₃₀
現象」だと好意的に捉える。₃₁

「共有宗教文化」

　日本人の宗教意識を調べてきた帝京大の濱田陽准教授（比較宗教学）に₃₂
よると、日本人の宗教意識は、信仰を持っていない▽信仰を持っていないが、₃₃
宗教心は大切と考える▽信仰を持っている― が、戦後一貫していずれも３₃₄
割程度だという。濱田氏は「日本人には信じるか信じないかの二項対立だけ₃₅

36　ではなく、その⑥中間的な意識が存在する」とし、「この三極構造が、宗教

37　的対立を避け、日本人の発想を柔軟なものにしている」と話す。

38　　また濱田氏は、クリスマスや初詣などの文化を、信仰の違いに関係なく、

39　誰もが親しめる「共有宗教文化」と呼ぶ。宗教には信者しか参加できない祭

40　祀など、共有が難しい側面がある一方で、信仰の違いに関係なく誰もが共有

41　できる面もあるという。

42　　濱田氏は「グローバル化が進む現代、共有宗教文化は多様な文化を持つ人々

43　が共存するためのクッション的役割を持ち、今後ますます重要になっていく」

44　と指摘している。

（2019.2.8 12:31 産経 WEST）

問題

❶.「バレンタインデー」について、本文の内容と合うものに〇、合わないものに×を
書いてください。

　　　① （　　　） 好きな人に贈る以外の目的で、チョコレートを買う人もいる。

　　　② （　　　） 日本でその起源を知っている人は、あまりいない。

　　　③ （　　　） 日本チョコレート・ココア協会が、普及の中心的役割を果たした。

　　　④ （　　　） 3世紀になると、好きな人に愛を告白する日になった。

　　　⑤ （　　　） その名のもとになった司祭は皇帝の命令に反して、殺された。

❷.「ⓐ同じこと」というのは、ここではどういうことですか。

　　　a　自分の信仰とは異なる宗教行事を祝うこと

　　　b　自分の信仰とは異なる宗教の学校に通うこと

　　　c　自分の信仰とは異なる宗教の国を旅行すること

　　　d　自分の信仰とは異なる宗教の人物に反論すること

❸.松山大耕さんが考える、日本人の宗教観の本質とは何ですか、本文から言葉を探し
て、12字で書いてください。

　　　　　　　　　　　　　　　　　　　　　　　　　12

❹.「ⓑ中間的な意識」というのは、ここではどういうことですか。本文から言葉を探
して、書いてください。

　　　＿＿＿＿＿＿＿＿＿＿＿＿＿＿＿＿＿＿＿＿＿こと

❺．「共有宗教文化」について、本文の内容と合うものに○、合わないものに×を書いてください。

① （　　　）バレンタインデーも共有宗教文化の一つといえる。

② （　　　）戦後定着したキリスト教の行事のみに共通する現象である。

③ （　　　）仏教を信仰する人は、それを共有することができない。

④ （　　　）すべての宗教行事が共有宗教文化になり得る。

⑤ （　　　）多様な文化を持つ人々が共存するための役に立つ。

❻．濱田陽准教授は、日本人の宗教観について、どのように考えていますか。

a　ほとんどの日本人が、宗教に対する信仰心を持っている。

b　もっと多くの日本人が、宗教に対する信仰心を持つべきだ。

c　日本人の宗教意識は、現代社会で重要な役割を果たすだろう。

d　日本人の宗教意識は、外国人との対立を招く要因になりかねない。

① あなたは日本の神社やお寺へ行ったことがありますか。

② 読み物で述べられているような日本人の宗教観について、どう思いますか。

ハロウィン奇想曲

1　　毎年10月の末になると巻き起こるハロウィン・フィーバー。渋谷のスク

2　ランブル交差点で仮装した若者たちが熱狂する光景は、今やこの時期おなじ

3　みの風景と化しつつある。

4　　とはいえ、これはここ数年の現象であって、ハロウィンが全国的に認知さ

5　れるようになったのはつい最近のことだ。事実、前世紀の終わり、1990年

6　代のはじめごろに私が読んだ書物の中には、クリスマスが日本に定着しても、

7　ハロウィンがそうなることは今後もあるまいと予言するものもあった。

8　　その著者によると、外来の文化習俗が移植され、根付きやすくなるための

9　要件として、自国のそれとの類似性があり、そこから「連想」が働くことに

10　よって受容に対する抵抗感が弱まり、定着へと至るのだという。そして、西

11　洋のクリスマスと日本の正月を例に、クリスマス・ツリーは門松、クリスマ

12　ス・ケーキは鏡餅、サンタクロースは年神を「連想」の比較対象として挙げ、

13　これら類似点の多さが、日本でクリスマスが定着する素地となったと述べて

14　いた。しかし、それに対してハロウィンは日本の文化習俗と「連想」を生じ

15　させるような、これといった要素がなく、したがってハロウィンが日本に根

16　付くことはあるまいと結論していたのである。

17　　たしかに、[ⓐ]当時はハロウィンが話題になることはほとんどなかったし、

18　そのころ若者であった私の周囲にも、ハロウィンで騒ぐような輩はいなかっ

19　た。けれどもその一方で、平成バブルの波に乗ったクリスマスは、若い男女

20　のためのイベントとして、現在の日本人から見ても異様に思われるほどの盛

り上がりを見せるようになっていたのである。

　ところが、21世紀を迎えて20年にもなろうとする現在はというと、どうだろう。ハロウィンは今や、日本人にもすっかりおなじみのイベントとなり、経済効果の面でも2月14日のバレンタインデーを上回るまでになっている。つまり「ハロウィンは日本に根付かない」という先の予言は、見事に外れたことになる。

　しかしながら、その点のみをもって評価を済ませてしまってよいのだろうか。「外来文化の定着は自国の文化との『連想』がカギ」との著者の主張に着目するならば、⑥それに対する評価も変わってくるかもしれない。

　ハロウィンを特徴づけるものといえば、例のカボチャをくりぬいて作る「ジャック・オー・ランタン」や、子どもたちが「トリック・オア・トリート」と唱えながら町を練り歩き、近隣の家々で配られる「ハロウィン・キャンディー」もあるが、日本のハロウィンといえば、やはり何といっても「仮装」だろう。

　ⓒ日本人がとりわけ「仮装」に反応した要因として、昨今のアニメや漫画のキャラクターのコスプレファッションやメイドカフェの流行が、普通の人たちも人前で仮装をして楽しむということのハードルを相当低くしたという言説を耳にすることは少なくない。実際、国内有数の漫画やアニメのイベントであるコミックマーケットにコスプレで参加する人数は1991年には1日あたり約200人だったのが1997年には約8,000人へと急増、「コスプレイヤー」なる言葉が広まった。そして、2003年には名古屋市内を会場とする「世界コスプレサミット」が開催され、年々規模を拡大させつつ現在に至っている。

　しかしここでおもしろいのは、日本人の仮装好きは何も今になって始まっ

たことではなく、それよりはるか昔の江戸時代以前にまでさかのぼることができるという説があることだ。

　たとえば、天保10年（1839年）に催された京都豊年踊りの模様を描いた『蝶々踊図巻』にはタコや昆虫など、思い思いの被り物をして踊りまわる民衆の姿が描かれ、当時の人々が嬉々として仮装を楽しんでいる様子が伝わってくる。

　明治から昭和にかけての、日本人が比較的生真面目であった時代には、みんなで仮装をして騒ぎ楽しむということはいささかはばかられることであったかもしれない。しかし、時代は平成へと移り、コスプレが社会的認知を広げて許容されるようになり、日本の各地でハロウィンイベントが開催され、そこで仮装が積極的に推奨されるようになると、それまで眠っていた、日本人のうちに本来備わる仮装好きのDNAが再び目を覚まし、自国の文化とハロウィンとの接点が改めて認識されるようになったとは言えないだろうか。

　そう考えると、ハロウィンもまた、クリスマス同様その定着には自国の文化との「連想」が無意識のうちに作用していたと考えても、間違いではないように思われる。

蝶々踊図巻（大阪歴史博物館蔵）

　さらには、海外由来の文化習俗が移植される際に、決まって自国の文化と
の「連想」が介在するかぎり、そこにはおのずと変容が生じ、「これは本来
のハロウィン（あるいはクリスマス）ではない」という声が発祥地の人々か
ら巻き起こるのも必然であり、なんら不思議なことではないのかもしれない。

　さて、それでは今後、令和の日本において定着する可能性のある海外発の
イベントは何であろうか。東京近郊にある某大型テーマパークあたりでは、
昨今「イースター」の喧伝<ruby>喧伝<rt>けんでん</rt></ruby>に力を入れているとのこと。それなら、その定着
にあたってはいかなる「連想」がはたらくのか、個人的には今から注視して
おきたいところである。

 問題

❶. 筆者が読んだ書物には、外来の文化習俗が根付きやすくなる要件として、どのようなことが書かれていましたか。25字にまとめて書いてください。

									あ	り	、
					こ	と					

25

❷.「@当時はハロウィンが話題になることはほとんどなかった」理由として、本文の内容と合わないものは、どれですか。

  a 江戸時代以前の日本人の仮装好きが知られていなかったこと

  b 日本各地でハロウィンイベントが開催されていなかったこと

  c コスプレが社会的に広く認知され、許容されていなかったこと

  d 明治から昭和にかけての日本人が比較的生真面目<ruby>生真面目<rt>きまじめ</rt></ruby>であったこと

❸.「⑥それ」が指すものは何ですか。

  a 筆者が1990年代のはじめ頃に読んだ書物

  b 「ハロウィンは日本に根付かない」という予言

  c 毎年10月の末になると若者たちが熱狂するハロウィン

  d 「外来文化の定着は自国の文化との『連想』がカギ」との主張

❹.「©日本人がとりわけ『仮装』に反応した要因」として筆者が挙げているものを、本文から言葉を探して、二つ書いてください。（各20字）

20

20

❺．本文によると、ハロウィンが日本に定着したのはいつですか。

     a　江戸時代

     b　昭和時代

     c　平成時代

     d　令和時代

❻．筆者は日本でクリスマスやハロウィンの形態が変化する理由をどのように考えていますか。本文から言葉を探して、40字で書いてください。

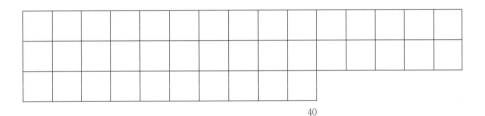

40

発　展

① あなたは日本や自国のハロウィンイベントを見たり、参加したりしたことがありますか。

② あなたの国で毎年行われている大きなイベントは何ですか。また、最近盛んになっているイベントがありますか。

③ _____

インターネット参拝

　インターネットの普及とともに、ウェブサイト上で「参拝」「祈願」ができたり、お守りやお札が購入できたりする神社が現れ、話題を呼びました。

　ある神社のウェブサイトを開き、「ヴァーチャル参拝」のバナーをクリックすると、神社の入り口である大鳥居の写真が解説文とともに表示され、「次へ」をクリックしていくと、石段、一の鳥居、手水舎、神門、神殿……　と進み、画面の上部に記されているように、あたかも神社をお参りしているかのような気分になれるという仕組み。さらに別のバナーをクリックすれば、おみくじを引くこともできます。

　このようなウェブサイトを開設している神社側では、「神社に親しみを持ってもらえる」「遠方の人の助けになる」などとして、ネットの積極活用を進めています。しかしその一方で、全国約8万カ所の神社を管理・指導する神社本庁は「信仰の尊厳を損ないかねない」との理由で、全国の神社に自粛を求める通知を出しました。

　神社関係者の間でも意見が分かれるインターネット参拝。あなたはどう思いますか。

06

お花見

花見とは何か

1 　花見は日本独特の行事である。と思っていたし、そう語る人もいたから、

2 これは間違いないだろうと、自分の中ではほぼ結論を下していた。しかしこ

3 のところ、ⓐその思いがもっと強くなって、ⓑ花見は世界中で日本にしかない、

4 とほとんど確信するに至っている。

5 　「桜の花は、世界中で見かける。日本にしか咲いていないわけではない」。

6 こう反論する人がいるだろう。また、「桜の花見をしないとしても、各国に

7 はいろいろな花があり、それぞれ好みによって鑑賞は行われている」。こん

8 な意見も出るはずだ。いずれももっともだが、私が問題にしているのは、そ

9 れとは違う。桜が生育しているか、花の鑑賞が存在するかではない。

10 　きれいな花を咲かせる植物が存在すれば、鑑賞という行為が生まれても不

11 思議ではない。だが、ここで言っているのは「花見」があるかどうかである。

12 　花を愛でる心情、鑑賞する行為と私の言う「花見」との違いを説明しよう。

13 　単刀直入、私の言う花見とは、「群桜」「飲食」「群集」の三つの要素が備わっ

14 たものである。この三要素があってはじめて花見が成立する、というのが私

15 の考えである。一本数本の桜ではない群れ咲く桜であること。たんに花を見

16 るだけではなく飲食を伴っていること。一人二人ではなく大勢の人出がある

17 こと。これらが満たされたものが日本の花見である。こう考えると、世界に

18 は花見がないというほかなくなる。

19 　この考えをだめ押し風に確信したのは、1997年、イギリスに滞在した時

20 だった。4月から翌1998年2月まで、ケンブリッジで過ごした私は、あの

植物好きで園芸愛好家のイギリス人が、花を愛でながらも「花見」は一切し
ないと結論を下したのである。花の下で飲み物や食べ物を広げ、仲間と共に
時間を過ごす。日本人がやるような、そんな習慣をイギリス人は一切もって
いない。

　ヨーロッパでは、日本の花見にあたるような屋外での楽しみ方は、どうや
らどこにも見られない。かつて1975年から77年にかけて、2年半の間過ご
したドイツで、そう感じたのが最初である。

　1976、77年の春を含め、ドイツの春は四度体験した。ドイツにも桜は咲く。
町なかに咲いている桜を、ドイツ人は「日本桜（Japanische Kirsch）」と呼ぶ。
それは実がならない、花だけの桜である。

　他方、ヨーロッパの桜は、サクランボのなる桜である。植物学上の和名は
セイヨウミザクラ。一般の人は、実がならないのを「日本桜」と呼んで区別
しているわけだ。

　その日本桜がいかに見事に咲き誇っていても、群がって鑑賞する人もいな
ければ、花の下で弁当を広げる人もない。通りすがりに顔を上に向けて眺め
る人もほとんどおらず、立ち止まって見回すような人は一人もいない。花屋
の店先はにぎわっており、花束を買い求めて行く人は多い。けれども、町中
の随所に咲いている桜の花を「愛で」ているような人は見かけない。

　ドイツ人は、花見どころか桜の花の鑑賞すらまだ「開発」していない、と
考えることもできる。しかしフランスも同じなのか、スペインやイタリアで
は？　そして、あの園芸愛好家の国イギリスではどうだろう。チューリップ
の国オランダではどうか。©それをこの目で確かめてみなければ、断定はで
きない。

　1975年以来、ヨーロッパには30回以上訪れる機会をもった。1週間程度

のこともあれば、数カ月の滞在もあった。季節も春夏秋冬にわたる。地域として北欧、南欧、東欧、ほとんど回った。とくに春に訪れるときは、花見が行われていないか確かめようと公園や郊外の自然の豊かな場所へ、つとめて出かけるようにした。森を散歩している人はいる。緑の草原で昼食のサンドイッチをほおばるピクニックはある。だが、「花見」は一切ない！　私の経験の範囲で言えば、ヨーロッパには花見はない！

　ヨーロッパの他、北米、中近東、東南アジア、中国、オーストラリアも訪れた。どこにも花見がない。もうこれ以上私の目で確かめる必要は、ほとんどないだろうと感じはじめた。そして、イギリス滞在は、自分の体験の範囲で確信をもって言いきるための最後のだめ押しのようなものだった。そして今こそはっきり言える。

　体験からいうと、花見は日本以外にはない。

（中略）

　日本文化にはさまざまなものがあるだろう。花とのつき合い方、花の楽しみ方もその一つである。そこには日本独特のものがあるからだ。花見は日本独特のものだという人はこれまでにもいた。そうは思うが、確信をもって断言できないからこそ、長い間各国を訪れては、注意して観察を続けたのだ。では体験の範囲を越えても、花見は日本独特だと言い切れるか。というわけで、職場が国際日本文化研究センターに移ってからは、各国から来る日本研究者に、次のように尋ねるようになった。

　「あなたの国では花見をしますか？」

　ドイツ、ポーランド、チェコ、イギリス、アメリカ、インド、エジプト、韓国、中国、ベトナムなどなど、各国から訪れる研究者に尋ねてみると、どの国の人も、まずちょっと考え込んでから「日本のお花見にあたるようなも

のはありません」と答える。そこで、私はたたみかけるように「ほんとうに 68
ありませんか？」「何か花が咲くのをきっかけに、外に出かけたり、お祭り 69
をするようなことはありませんか？」と尋ねる。 70

　すると、「そういえば、ドイツのある地方では、春にスミレの咲くところ 71
にピクニックに出かけます」とか「インドでは、ある花が咲く頃に、よく散 72
歩に出かける」などという答えが返ってきた。 73

　しかし私がさらに「そんなとき、大勢が車座になってご馳走を広げ、唄 74
を歌って酒盛りをしますか？」「一カ所に何百人何千人もの人出があります 75
か？」と突っ込むと、「そんなことは起こらない」「そんな人出は見られない」 76
という答えが返ってくる。 77

　結局、各国いずれの人も、最後には、日本の花見にあたるようなものは、 78
自分の国にはない、という結論になる。私の経験をひっくり返すような証言 79
は、まったく得られなかった。どうやら花見は、私の体験の範囲をこえても、 80
日本独特の行事であると言って間違いないようだ。 81

（白幡洋三郎　『花見と桜〈日本的なるもの〉再考』八坂書房）

問題

❶. 「ⓐその思い」というのは、どんな思いですか。

_____との思い

❷. 「ⓑ花見は世界中で日本にしかない」とありますが、

（1）筆者がそう考えはじめたのはいつのことだと言っていますか。

　　　a　イギリスに滞在していた時

　　　b　ドイツに滞在していた時

　　　c　国際日本文化研究センターに勤めはじめた時

　　　d　インド人の研究者に話を聞いた時

（2）筆者がそう結論付けてもよいと考えたのはいつのことだと言っていますか。

　　　a　イギリスに滞在していた時

　　　b　ドイツに滞在していた時

　　　c　国際日本文化研究センターに勤めはじめた時

　　　d　インド人の研究者に話を聞いた時

❸. 筆者が考える「花見」の、花の鑑賞との違いは何ですか。本文から言葉を探して、

25字で書いてください。

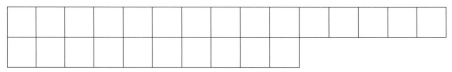

25

❹. 「◎<u>それ</u>」が指すものは何ですか。本文から言葉を探して、25字で書いてください。

							こ	と					

25

❺. 筆者が各国から来る日本研究者に、「あなたの国では花見をしますか？」と尋ねるようになったのは、どうしてですか。

　　　a　各国の日本研究者に、日本以外に花見がないということを納得してもらうため。

　　　b　各国の日本研究者に、日本人が古くから花見をする理由を納得してもらうため。

　　　c　筆者の体験の範囲を越えても、花見が日本独特の行事であることを確認するため。

　　　d　筆者の体験の範囲を越えても、花見のすばらしさは変わらないことを確認するため。

❻. 筆者が考える「花見の条件」に<u>含まれないもの</u>は、どれですか。

　　　a　桜がその国、その場所に多数植えられていること

　　　b　桜の花が咲くのをきっかけに、お祭りをすること

　　　c　桜の花を見ながら酒を飲んだり、食事をすること

　　　d　桜の花を見るために、大勢の人たちが集まること

読み物1 から 読み物2 へ

　① お花見が日本だけのものだとしたら、それはどうしてだと思いますか。

　② あなたの国の人たちは、どんな花を、どのように楽しんでいますか。

仙人の桜、俗人の桜

　突然ではあるが、その帰り電車に乗って大阪に寄る[注1]。大阪に造幣局があり、その中に桜並木がある。造幣局[注2]といえばお札を印刷するところだから、もちろん一般市民の誰も入れない。でも満開時にはその桜があまりにも綺麗なので、やむを得ずその並木道だけを一般公開する。俗にいう造幣局の通り抜けだ。

　しかし吉野の山中で桜が満開なら、大阪の町の桜はとっくに散っている。と思うが、その造幣局のは八重桜なのだった。

　八重桜というのは、いわゆるお花見用の染井吉野が散ったあとに満開となる。ふっくらとした肥満体で、なかなか散りそうにない。八重桜がお花見用としていま一つ人気がないのは、その丈夫そうなところにあるらしい。桜というのはひらひらと散るはかなさがいいわけで、それは筍とか、冷奴とか、澄まし汁とかと同じく、日本人のあっさり好みのあらわれだ。「禊ぎ」なんて言葉を生み出す清潔症も同根だけど、でも[ⓐ]私はときどき八重桜でお花見をすることがある。花としては山桜のタイプがいいけど、満開時に全員がどっと行くのではもう桜どころではない。それが目に余るときなど、時期をずらして八重桜でお花見をすると、席取りもいないしカラオケもないし、ゆったりと酒を飲んで桜の空気が吸える。ああこれが本当のお花見だとも思う。花としては不満でも、気持の方でその不満が補える。花をとるか、気持をとる

注1）　筆者はこの前に、古くから桜の名所として知られている奈良県吉野山を訪ねていた。
注2）　造幣局で実際に製造されているのは、紙幣（お札）ではなく硬貨。

か、まあ現代の難しい選択である。

　さて造幣局はどこだろうと歩いていると、だんだん人の流れが濃くなって「桜の通り抜け」という横断幕が見えてきた。桜の通り抜け。桜が人間の世の中を通り抜ける。まあたしかに間違いではない。

　造幣局の通り抜けというから、お札の輪転機の間でも通り抜けるのかと思ったら、もちろんそうではなくて、敷地の外側に沿って並木はあった。意外なのは、桜の樹がずいぶん低いことだ。いずれもが小柄で、じつに可憐な八重桜である。名物の並木というので堂々たる巨木の桜のトンネルを想像していたのだけど、ぜんぜん違う。ぶらぶらと歩く人間の頭とか胸の辺りにちょうど八重桜の花の枝が揺れていて、何だか優しい動物の群れの間を縫って歩いているようだった。

　いろんな種類の八重桜があって、その説明の札が丁寧に立てられ、植物園的な要素もある。それだけでなく、枝にもところどころ短冊が下がっている。何だか七夕みたいな気分で、見ると市民の寄せた俳句らしい。

　「念願の貴方とともに通りぬけ」

　とか、

　「嫁ぐ日を間近にひかえ通り抜け」

　とか、まあ何というかいろいろあって飽きない。そんなのを見たりしながら、いろんな桜の姿を見たりしながら、みんな下駄履きみたいな感じでのんびりと歩いている。どことなく吉野のお花見と似ているなあと思った。

　そうだ、似ているのだ。まるで違うはずなのだけど、⑥一つ共通点がある。どちらも酒を飲む人がいない。宴会の桜ではないのだ。

　造幣局の場合は場所柄宴会は禁止で、それでもみんな見たいから、ここを

酒なしで、見るだけで通り抜ける。吉野山の場合は遠く山深いこともあるから、みんな宴会というよりはむしろハイキング気分だ。泊り客は宿に帰って酒を飲むだろうし、日帰りの客は宴を張る時間もない。だからみんな酒なしで、桜を見るだけで歩いている。

　片方は仙人の桜で片方は俗人の桜、それが何だか酒抜きですらりと似ているのが妙であった。

　俗人といっても馬鹿にしているのではない。前に俗人に思い当たったことがあるのだ。俗人俗人といいながら、その通俗の俗、©俗世間の俗の字が何故人偏に谷なのか。

　浴なら水浴びだからサンズイに谷はわかる。でも俗っぽい俗に何故谷がある？

　どう考えてもわからなかった。では反対は何だろうと考えたのだ。俗人の反対。何だと思います？

　仙人である。仙人なんて見たことはないが、俗人ではないことはわかる。どう違うのかと字をよく見ると、山の人だ。

　それでわかったのである。俗人とは谷の人なのだ。俗世間は山ではなく谷に広がっていく。町というのは、万有引力の法則ではないが、人が水のように低い場所に溜まったところで広がっていく。それが地形でいうと谷で、だから町の人は俗人なのだ。私たちはあるときは俗人になり、あるときは仙人になる。今回私は仙人のお花見をして、降りて俗人の桜を通り抜けた。ふつう俗人の桜は染井吉野で、その下で宴を張って酔っ払うものだが、そうとは限らない桜の気分があったのである。

　でもそれが造幣局だ。俗世間を牛耳っているお札の製造所である。お札というのはサラ金も使うし、地上げ屋も使うし、ラーメン食べるのにも使うし、

俗世間のありとあらゆるものが染みついている。その総本山でのお花見なん　66

て、秀吉^{注3)}にだって出来なかったシチュエーションだ。　67

　世の中というのは面白いですね。ときどき偶然という奥の手を使って、　68

ⓓこういう不思議な取り合わせを見せてくれる。　69

　でもそうだろうか、これはあんがい偶然ではないのかもしれない。日本人　70

のみんなが愛でる桜の力が、偶然のふりをしてこの場所を選んだのではない　71

だろうか。見ようとしなければ見えないけれど、ひらひらと散るはかない桜　72

の花びらは、じつは天上からばら撒かれた札束ではないかと思うのである。　73

　千円札や一万円札が、ひらひらと散っている。それが人々の肩にのったり、　74

地面に落ちたり、池の水面にたくさん浮かんだりしている。みんなそれに見　75

とれるだけで、たまに拾ってみても、またひらひらと地面に散らす。ふと目　76

が覚めたら、お札なんてはかない命の紙切れなのだ。　77

　そんな桜を通り抜けて外に出ると、あの川は何という川だったか、それに　78

沿って盛大に屋台が並んでいた。じつはその川沿いにも桜並木があるが、こ　79

ちらは染井吉野だからもう散っている。でも入れ替りに造幣局の八重桜が咲　80

いて、オデンのⒸ屋台が二毛作で営業しているわけだ。もちろん私もその一　81

つに腰を降ろし、やれやれと、やっとオデンでビールを飲んだのだった。　82

（赤瀬川原平「仙人の桜、俗人の桜」『花の名随筆4　四月の花』作品社）

注3)　豊臣秀吉（1537-1598）。全国統一を果たし、大阪城を築いた。吉野山や京都醍醐寺で
　　　大規模な花見の宴を開いたことでも有名。

❶.「⒜私はときどき八重桜でお花見をすることがある」とありますが、それはどうしてですか。

    a 落ち着いた気分で酒を飲みながら、桜の空気が吸えるから。

    b 八重桜のふっくらとして、丈夫そうなところが好きだから。

    c 染井吉野が満開のころは忙しく、見に行けないことがあるから。

    d 山桜のような日本人のあっさり好みは、自分に合わないから。

❷.「ⓑ一つ共通点がある」とありますが、「読み物１」で述べられている「花見の三要素」のうち、筆者が今回経験した二つの花見に共通して欠けているのは何ですか。漢字２字で書いてください。

2

❸.「ⓒ俗世間の俗の字が何故人偏に谷なのか」に対する答えを、本文から言葉を探して、書いてください。

_____から。

❹.「ⓓこういう不思議な取り合わせ」というのは、どんな取り合わせですか。

    a 仙人とお札

    b 仙人と俗人

    c 造幣局と桜

    d 造幣局と吉野

❺．筆者が考える、桜の花びらとお札の共通点は何ですか。

　　　　a　日本人が今も昔も変わることなく、愛している点

　　　　b　偶然のふりをしながら、造幣局に存在している点

　　　　c　手元に所有し続けることができない、はかない点

　　　　d　見ようとすれば見え、そうしなければ見えない点

❻．「⑥屋台が二毛作で営業している」というのは、どういう意味ですか。

　　　屋台が＿＿＿＿＿＿＿＿＿＿＿＿＿＿＿＿＿＿＿＿＿＿＿＿＿＿＿にも、

　　　＿＿＿＿＿＿＿＿＿＿＿＿＿＿＿＿＿＿＿＿にも、営業しているという意味。

❼．筆者のいう「仙人の桜」と「俗人の桜」は、それぞれどこで見た桜ですか。

　　　仙人の桜：＿＿＿＿＿＿＿＿＿＿＿＿＿＿＿＿＿＿＿＿＿＿＿

　　　俗人の桜：＿＿＿＿＿＿＿＿＿＿＿＿＿＿＿＿＿＿＿＿＿＿＿

発　展

①　日本人が数ある花の中でも特に桜を愛し、お花見をするのはどうしてだと思いますか。

②　あなたが「日本らしさ」を感じるのは、どんなときですか。

③　＿＿＿＿＿＿＿＿＿＿＿＿＿＿＿＿＿＿＿＿＿＿＿＿＿＿＿＿＿

クローン桜

世の中に　たえて桜のなかりせば　春のこころはのどけからまし

「世の中から桜などなくなってしまえばいい。そうすれば、桜の開花を今か今かと待ちわびることもなく、花が散るのを惜しむこともなく、心穏やかなまま春を過ごせるであろうに」（在原業平, 825-880）

私たち日本人の心を、実に1,000年以上にわたってとらえて離さない桜。

ところで、今現在、桜の8割以上を占めると言われるソメイヨシノが生まれたのは江戸時代の終わり頃、ほんの200年ほど前のことで、しかもそれがクローンであることをご存知ですか。

ルーツについては諸説あるようですが、江戸の染井村（現在の東京・駒込あたり）が起源というのが有力。そこで育てられた最初の1本の原木から接ぎ木、挿し木が繰り返され、全国に広がったといわれています。

クローンであるがゆえに、同じエリアのソメイヨシノは花が咲くのも同時なら、散るのも一緒。その期間は1週間から長くてもおよそ2週間。一斉に咲き、短い盛りを迎えた後に、再び一斉に散るソメイヨシノの姿は、見た目の美しさにとどまらず、日本人の心に強く訴える何かがあるのかもしれません。

07

富士山

富嶽百景（ふがくひゃっけい）

1 「お客さん！　起きて見よ！」かん高い声で或（あ）る朝、茶店の外で、娘さん

2 が絶叫したので、私は、しぶしぶ起きて、廊下へ出て見た。

3 　娘さんは、興奮して頬をまっかにしていた。⒜だまって空を指さした。見

4 ると、雪。はっと思った。富士に雪が降ったのだ。山頂が、まっしろに、光

5 りかがやいていた。御坂（みさか）の富士も、ばかにできないぞと思った。

6 「いいね。」

7 とほめてやると、娘さんは得意そうに、

8 「すばらしいでしょう？」といい言葉使って、「御坂の富士は、これでも、

9 だめ？」としゃがんで言った。私が、かねがね、こんな富士は俗でだめだ、

10 と教えていたので、娘さんは、内心しょげていたのかも知れない。

11 「やはり、富士は、雪が降らなければ、だめなものだ。」⒝もっともらしい

12 顔をして、私は、そう教えなおした。

13 　私は、どてら着て山を歩きまわって、月見草の種を両の手のひら一ぱいとっ

14 て来て、それを茶店の背戸（せど）に播（ま）いてやって、

15 「いいかい、これは僕の月見草だからね、来年また来て見るのだからね、

16 ここへお洗濯の水なんか捨てちゃいけないよ」娘さんは、うなずいた。

17 　ことさらに、月見草を選んだわけは、富士には月見草がよく似合うと、思

18 い込んだ事情があったからである。御坂峠（とうげ）のその茶店は、謂わば山中の一軒

19 家であるから、郵便物は、配達されない。峠の頂上から、バスで30分程ゆ

20 られて峠の麓（ふもと）、河口湖畔（かわぐちこはん）の、河口村という文字通りの寒村にたどり着くので

あるが、その河口村の郵便局に、私宛の郵便物が留め置かれて、私は三日に
一度くらいの割で、その郵便物を受け取りに出かけなければならない。天気
の良い日を選んで行く。ここのバスの女車掌は、遊覧客のために、格別風景
の説明をして呉れない。それでもときどき、思い出したように、甚だ散文的
な口調で、あれが三ツ峠、向うが河口湖、わかさぎという魚がいます、など、
物憂そうな、呟きに似た説明をして聞かせることもある。

　河口局から郵便物を受取り、またバスにゆられて峠の茶屋に引返す途中、
私のすぐとなりに、濃い茶色の被布を着た青白い端正の顔の 60 歳くらい、
私の母とよく似た老婆がしゃんと坐っていて、女車掌が、思い出したように、
みなさん、きょうは富士がよく見えますね、と説明ともつかず、また自分ひ
とりの詠嘆ともつかぬ言葉を、突然言い出して、リュックサックしょった若
いサラリイマンや、大きい日本髪ゆって、口もとを大事にハンケチでおおい
かくし、絹物まとった芸者風の女など、からだをねじ曲げ、一せいに車窓か
ら首を出して、いまさらのごとく、その変哲もない三角の山を眺めては、や
あ、とか、まあ、とか間抜けた嘆声を発して、車内はひとしきり、ざわめいた。
けれども、私のとなりの御隠居は、胸に深い憂悶でもあるのか、他の遊覧客
とちがって、富士には一瞥も与えず、かえって富士と反対側の、山路に沿っ
た断崖をじっと見つめて、私には ©その様が、からだがしびれるほど快く感
ぜられ、私もまた、富士なんか、あんな俗な山、見度くもないという、高尚
な虚無の心を、その老婆に見せてやりたく思って、あなたのお苦しみ、わび
しさ、みなよくわかる、と頼まれもせぬのに、共鳴の素振りを見せてあげた
く、老婆に甘えかかるように、そっとすり寄って、老婆とおなじ姿勢で、ぼ
んやり崖の方を、眺めてやった。

　老婆も何かしら、私に安心していたところがあったのだろう、ぼんやりひ

とこと、

「おや、月見草」

そう言って、細い指でもって、路傍の一箇所をゆびさした。さっと、バスは過ぎてゆき、私の目には、いま、ちらとひとめ見た黄金色（こがねいろ）の月見草の花ひとつ、花弁もあざやかに消えず残った。

3778米（メートル）注1）の富士の山と、立派に相対峙（あいたいじ）し、みじんもゆるがず、なんと言うのか、金剛力草（こんごうりきそう）とでも言いたいくらい、けなげにすっくと立っていたあの月見草は、よかった。ⓓ富士には、月見草がよく似合う。

十月のなかば過ぎても、私の仕事は遅々として進まぬ。人が恋しい。夕焼け赤き雁の腹雲（がんはらぐも）、二階の廊下で、ひとり煙草（たばこ）を吸いながら、わざと富士には目もくれず、それこそ血の滴（したた）るような真赤な山の紅葉を、凝視していた。茶店のまえの落葉を掃きあつめているⓔ茶店のおかみさんに、声をかけた。

「おばさん！　あしたは、天気がいいね」

自分でも、びっくりするほど、うわずって、歓声にも似た声であった。おばさんは箒（ほうき）の手をやすめ、顔をあげて、不審げに眉（まゆ）をひそめ、

「あした、何かおありなさるの？」

そう聞かれて、私は窮（きゅう）した。

「なにもない」

おかみさんは笑い出した。

「おさびしいのでしょう。山へでもおのぼりになったら？」

「山は、のぼっても、すぐまた降りなければいけないのだから、つまらない。どの山へのぼっても、おなじ富士山が見えるだけで、それを思うと、ⓕ気が重くなります。」

注1）当時の富士山の標高は3,778メートルと考えられていた。（現在は3,776メートル）

私の言葉が変だったのだろう。おばさんはただ曖昧{あいまい}にうなずいただけで、68

また枯葉を掃いた。69

（太宰治『富嶽百景』）

問題

❶. 「ⓐだまって空を指さした」とありますが、娘はどうして「だまって」いたのですか。

    a　声をあげても、「私」には聞こえないと思ったから。

    b　何か話すより、まずは富士山を見てほしかったから。

    c　「富士は俗でだめだ」と言われて、しょげていたから。

    d　朝早い時間に絶叫したことを、「私」に注意されたから。

❷. 「ⓑもっともらしい顔をして、私は、そう教えなおした」とありますが、「もっともらしい顔」をしたのはどうしてですか。

    a　「富士は俗でだめだ」と言ったことが本心ではないということを、娘に改めて伝えたいと思ったから。

    b　「富士は俗でだめだ」と言ったことは正しいということを、もう一度娘に教えてやろうと思ったから。

    c　「富士は俗でだめだ」と言ったことを、富士に雪が降ったのを見ても変える必要はないと思ったから。

    d　「富士は俗でだめだ」と言ったことをわずかに後悔したが、それを娘に知られたくないと思ったから。

❸. 「ⓒその様」というのは、だれが何をしている様子ですか。24字にまとめて、書いてください。

❹. 「<u>ⓓ富士には、月見草がよく似合う</u>」と「私」が思ったのはどうしてですか。

    a   すっくと立っている月見草は、富士山に負けず劣らず立派だったから。

    b   力強い富士山と弱々しい月見草のコントラストがとてもよかったから。

    c   真っ白な雪の富士山と黄金色（こがねいろ）の月見草の組み合わせが美しかったから。

    d   御坂（みさか）の富士は、月見草が見ごろの時期にいちばん美しい姿になるから。

❺. 「<u>ⓔ茶店のおかみさんに、声をかけた</u>」とありますが、そのときの「私」はどんな気持ちでしたか。本文から言葉を探して、8字で書いてください。

					気	持	ち

8

❻. 「<u>ⓕ気が重くなります</u>」とありますが、それはどうしてですか。本文から言葉を探して、25字で書いてください。

						だ	か	ら				

25

  ① あなたは読み物の「私」について、どう思いますか。

  ② みんなが好きなのに、あなたは好きになれない場所やものがありますか。

富士よ、あなたに罪はない

1 「@富士には月見草がよく似合う」といったのは、元祖アンチ富士山派の

2 太宰治だが、その名文句がでてくるのは、ご存知「富嶽百景」という名掌

3 編のなかである。天下一といわれる名峰富士山ではあるけれども、見る場所

4 見る心持ちによっては、とてもじゃないが鑑賞にも値しない俗な山で、姿カ

5 タチだって欠点だらけ、富士山はだれもかれもが無条件で有難がる器量や威

6 風をもった山ではないと、⑥太宰が「富士」にむかってさんざん悪態をつい

7 ているのが「富嶽百景」だ。

8 　たとえば小説の冒頭は

9 「広重、文晁に限らずたいていの絵の富士は、鋭角である。いただきが、細く、

10 高く、華奢である。北斎にいたっては、その頂角、ほとんど30度くらい、エッ

11 フェル塔のような富士をさえ描いている。けれども、実際の富士は、鈍角も

12 鈍角、のさくさと拡がり、東西、124度、南北は117度、決して、秀抜の、

13 すらと高い山ではない。」

14 　にはじまり、並みいる歴史上の画家たちが、いかに「富士山」の形姿を虚

15 飾し、誇大誇称してきたかをネチネチとやっつけている。実際の富士は、そ

16 もそも山のボディラインとしても失格で、その背丈についても

17 「低い。あれくらいの裾をもっている山ならば、少なくとも、もう1.5倍、

18 高くなければいけない。」

19 　と断じる。

20 　さらに

　「東京の、アパートの窓から見る富士は、くるしい。冬には、はっきり、よく見える。小さい、真白い三角が、地平線にちょこんと出ていて、それが富士だ。なんのことはない。クリスマスの飾り菓子である。しかも左のほうに、肩が傾いて心細く、船尾のほうからだんだん沈没しかけてゆく軍艦の姿に似ている。」

　こんな一撃を食らっては、今や「世界遺産」のメダルにわくわれらの名山も、哀れノックダウン、仰向けにぶっ倒れて当分起き上がれそうにもない。

　ただ、太宰治は「富士山」に対して、ⓒ若い頃一どだけうけた恩義を忘れてはいない。

　昭和13年夏、当時29歳だった太宰は、師井伏鱒二が滞在していた山梨県南都留郡川口村御坂峠の天下茶屋を訪れる。

　ここでも太宰の「富士」批判は強烈で

　「ここから見た富士は、むかしから富士三景の一つにかぞえられているのだそうであるが、私は、あまり好かなかった。好かないばかりか、軽蔑さえした。ⓓあまりに、おあつらいむき^{注1)}の富士である。まんなかに富士があって、その下に河口湖が白く寒々とひろがり、近景の山々がその両袖にひっそり蹲って湖を抱きかかえるようにしている。私は、ひとめ見て、狼狽し、顔を赤らめた。これは、まるで、風呂屋のペンキ画だ。芝居の書割だ。」

　といった具合なのだが、何日かそこに滞在したあと井伏氏の立ち合いのもと、甲府の町外れに住む石原美知子という女性と見合いをすることになる。そのときに太宰が「この娘にきめた」と決心したのには、じつは太宰の背後の長押にかかっていた富士山頂の額入り写真が、きわめて重要な役割を果た

注1)「おあつらえむき（お誂え向き）」の文語表現

したというのである。

　「母堂に迎えられて客間に通され、挨拶して、そのうちに娘さんも出て来て、私は、娘さんを見なかった。井伏氏と母堂とは、おとな同士の、よもやま話をして、ふと、井伏氏が、「おや、富士。」と呟いて、私の背後の長押を見上げた。私も、からだを捻じ曲げて、うしろの長押を見上げた。富士山頂大噴火口の鳥瞰写真が、額縁にいれられて、かけられていた。まっしろい睡蓮の花に似ていた。私は、それを見とどけ、また、ゆっくりからだを捻じ戻すとき、娘さんを、ちらりと見た。きめた。多少の困難があっても、このひとと結婚したいものだと思った。あの富士は、ありがたかった。」

　ⓔこの場面での、富士の「ありがたさ」は微妙である。

　何しろ、太宰は見合い相手の美知子の顔を、「富士」の額写真をみあげた一瞬のスキに初めて見て、「きめた」と決心するのである。こういう場合の「富士」の立場というか、立ち位置というか、いってみれば「富士」の沽券というものはどこにあるのか。だいたい、長押をみあげたスキに娘の顔をみた、というのだから、べつにそれが「富士」である必要はなかった。仮にそれが、「浅間山」だったり「裏磐梯」だったりしたら、太宰と美知子の縁談は破談していたのか、どうか。

　まして、長押にあったのはあくまでも額に入った「富士」の写真であって、本モノの富士山が眺望されたというのではない。

（中略）

　はて、ここからは私見になるのだが、庶民にとっての「富士」という山は、だいたいそんなモンじゃないかと思うのだ。

　そのおそるべき黄金分割、無味無臭、予定調和、高値安定（？）に富んだ日本の名山は、ⓕもはや実際にそこに無くてもいいような存在である。その

山姿を讃える人、信仰する人、詩歌にしたり絵にしたりする人、そうした人々 66
の手によって偶像化され神格化され、ときとして形象化され抽象化された「富 67
士山」がありさえすれば、もうそれでじゅうぶんなのではあるまいか。 68

　そういう意味で、この「クリスマスの飾り菓子」のごとき名峰は、盲目的 69
富士山信仰の人々が存在するかぎり、日本文化の永遠の象徴たりつづけるの 70
である。 71

　それにしても、わが尊敬すべきアンチ富士山派の大御所（おおごしょ）にむかって申し訳 72
ないのだが、私はちっとも「富士に月見草が似合う」とは思わない。 73

　太宰治は「富嶽百景」の真ん中あたりで、さんざん富士山にケチをつけた 74
罪ほろぼしのつもりか 75

　「3778米（メートル）の富士の山と、立派に相対峙（あいたいじ）し、みじんもゆるがず、なんと言う 76
のか、金剛力草（こんごうりきそう）とでも言いたいくらい、けなげにすっくと立っていたあの月 77
見草は、よかった。富士には、月見草がよく似合う。」 78

　と書く。 79

　文字通り、太宰はここで「富士」に花をもたせたわけだけれども、よく読 80
めば、これは月見草への讃えであって富士山への讃えではないことがわかる。 81
相変わらず「沈没しかけた軍艦」のような富士山に対して、すっくと立った 82
月見草のりりしさをみせつけているふうでもある。太宰はとことん、路辺に 83
咲く野花のむこうにそびえる、富士山の肩ヒジ張った虚勢を嫌ったのである。 84

　ま、これもまた⑧稀代の厭世文士（えんせいぶんし）のパラノイア的独り言であって、お富士 85
さん、あなたに罪はないけれど。 86

　　　　　（窪島誠一郎「富士よ、あなたに罪はない―太宰治『富嶽百景』再読―」

　　　　　　　　　　　　　　　『やま　かわ　うみ』アーツアンド クラフツ）

　　　　　　　　　　　　　　　　　　　　※転載部分を現代仮名遣いに改めた。

読み物2 問題

❶. 筆者は「ⓐ富士には月見草がよく似合う」をどのように解釈していますか。

本文から言葉を探して、22字で書いてください。

22

❷. 「ⓑ太宰（だざい）が『富士』にむかってさんざん悪態をついている」とありますが、太宰 治（だざいおさむ）

が富士山とそれを含む風景を批判するために用いた「たとえ」を例のほかに四つ、

本文から探して書いてください。

例： 小さい、真白い三角

○＿＿＿＿＿＿＿＿＿＿＿＿＿＿   ○＿＿＿＿＿＿＿＿＿＿＿＿＿＿

○＿＿＿＿＿＿＿＿＿＿＿＿＿＿   ○＿＿＿＿＿＿＿＿＿＿＿＿＿＿

❸. 「ⓒ若い頃―どだけうけた恩義」とありますが、それは何ですか。

   a　結婚の決意をするきっかけになったこと

   b　「富嶽百景（ふがくひゃっけい）」という名掌編が書けたこと

   c　恩師の井伏鱒二（いぶせますじ）と天下茶屋で出会えたこと

   d　月見草のよさを知るきっかけになったこと

❹．「[ⓓ]<u>あまりに、おあつらいむきの富士である</u>」というのは、どういう意味ですか。

　　いちばん近いものを一つ選んでください。

　　　　　a　お見合いの場所としてふさわしい風景

　　　　　b　ここ以外からは見られない貴重な風景

　　　　　c　富士三景にふさわしいすばらしい風景

　　　　　d　予想通りで意外性が感じられない風景

❺．「[ⓔ]<u>この場面での、富士の『ありがたさ』は微妙である</u>」とありますが、筆者がそ

　　う考えるのは、どうしてですか。

　　　　　a　井伏鱒二が、「おや、富士。」と呟（つぶや）かなかったかもしれないから。

　　　　　b　お見合い相手から結婚の申し込みを断られたかもしれないから。

　　　　　c　長押（なげし）に写真がなくても、縁談は成立していたかもしれないから。

　　　　　d　長押の写真が、富士山ではなくてもよかったかもしれないから。

❻．「[ⓕ]<u>もはや実際にそこに無くてもいいような存在</u>」とありますが、筆者は誰の中で、

　　富士山がそういう存在になっていると考えていますか。

　　　　　a　庶民

　　　　　b　太宰治

　　　　　c　筆者自身

　　　　　d　盲目的富士山信仰の人々

❼．「[ⓖ]<u>稀代の厭世文士（えんせいぶんし）</u>」というのは、誰のことですか。

　　　　————————————————

発　展

① 太宰治という人は、どんな人物だと思いますか。ほかの著作等も読んだことのある人はそれも含めて、考えてください。

② 日本の文学作品から一つ選んで、それを推薦するプレゼンテーションをしてください。

③ ＿＿＿＿＿＿＿＿＿＿＿＿＿＿＿＿＿＿＿＿＿＿＿＿＿＿＿＿＿＿＿

日本の世界遺産

【自然遺産】
❸ 屋久島（鹿児島県）
❹ 白神山地（青森県・秋田県）
⓭ 知床（北海道）
⓯ 小笠原諸島（東京都）

【文化遺産】
① 法隆寺地域の仏教建造物（奈良県）
② 姫路城（兵庫県）
⑤ 古都京都の文化財（京都府・滋賀県）
⑥ 白川郷・五箇山の合掌造り集落（岐阜県・富山県）
⑦ 原爆ドーム（広島県）
⑧ 厳島神社（広島県）
⑨ 古都奈良の文化財（奈良県）
⑩ 日光の社寺（栃木県）
⑪ 琉球王国のグスク及び関連遺産群（沖縄県）
⑫ 紀伊山地の霊場と参詣道（和歌山県）
⑭ 石見銀山遺跡とその文化的景観（島根県）

⑯ 平泉－仏国土（浄土）を表す建築・庭園及び考古学的遺跡群（岩手県）
⑰ 富士山－信仰の対象と芸術の源泉（山梨県・静岡県）
⑱ 富岡製糸場と絹産業遺産群（群馬県）
⑲ 明治日本の産業革命遺産　製鉄・製鋼、造船、石炭産業（長崎県ほか8県）
⑳ 国立西洋美術館本館（東京都）
㉑ 「神宿る島」宗像・沖ノ島と関連遺産群（福岡県）
㉒ 長崎と天草地方の潜伏キリシタン関連遺産（長崎県・熊本県）
㉓ 百舌鳥・古市古墳群（大阪府）

成長をくり返す富士山

　数十万年～十万年以前から火山活動を行っていた小御岳火山は 2,500 メートルほどの山でした。その後、約 10 万年前には古富士火山が噴火し、小御岳火山を飲み込んで約 2,700 メートル～ 3,000 メートルの山となりました。さらに、約 1 万 1,000 年から 8,000 年ほど前に、再び活発な火山活動が起こり、古富士火山の火口の近く、約 1,000 メートル～ 2,000 メートルのところから新富士火山が噴火して、古富士火山を飲み込みました。こうしてできたのが 3,776 メートルで日本一の高さを誇る富士山です。

　なお、最新の調査結果では小御岳火山よりさらに古い、先小御岳という山も発見されたため、富士山は合わせて四つの山が重なっていることになります。

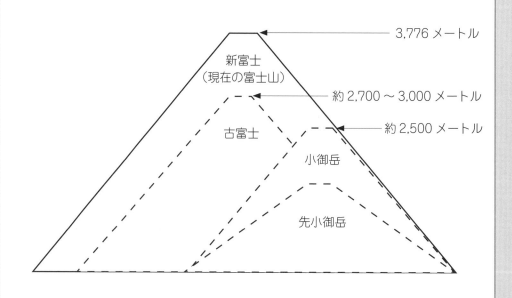

3,776 メートル

新富士
（現在の富士山）

約 2,700 ～ 3,000 メートル

約 2,500 メートル

古富士

小御岳

先小御岳

08

今、学校で起きていること

僕にはわからないことが
たくさんある

1　「それでは今日表彰される皆さんです。向かって左から」

2　校長はぐるりとこちらを振り向いて、短い腕で僕らを指し示しながら順番

3　に紹介していく。男子バレーボール部、女子バレーボール部、ソフトボール

4　部、ブラスバンド部、卓球部、映画部。映画部のところで、なんとなく空気

5　が変わる。ちょっとしたざわめきも、僕にとっては大きく聞こえる。

6　これがすごく嫌なんだ。熟れたトマトでもつぶすように、心臓を上からぐ

7　しゃりとされたような気分になる。

8　映画部ってなに？　そんなんあったん？　聞こえる、全部聞こえてくる。

9　言ってなくても、言っている。空気が。お前達は目立っちゃいけないって、

10　聞こえる。

11　僕は、脇の下からぶわりと嫌な汗が噴き出すのを感じた。

12　なんで同じ学生服なのに、僕らが着るとこうも情けない感じになってしま

13　うんだろう。今表彰状をもらいに行った男子バレー部の、副部長？　かな？

14　とたぶんちっさいからリベロのふたりだって、どう着ているのかわからない

15　けれど、かっこいい。どこであのちょっと太めのズボンを手に入れているか

16　もわからないし、寸胴に見えない学ランはどういう作りでああいうシルエッ

17　トになるのかもわからない。ⓐ僕は何一つ違反していない制服を身にまとっ

18　ていて、白いシャツや黄色いリストバンドや青いミサンガや赤いベルトなん

19　かで、真っ黒な制服に色をつけられない。

20　僕にはわからないことがたくさんある。

高校って、生徒がランク付けされる。なぜか、それは全員の意見が一致する。

英語とか国語ではわけわかんない答えを連発するヤツでも、ランク付けだけ

は間違わない。大きく分けると目立つ人と目立たない人。運動部と文化部。

　上か下か。

　目立つ人は目立つ人と仲良くなり、目立たない人は目立たない人と仲良く

なる。目立つ人は同じ制服でもかっこよく着られるし、髪の毛だって凝って

いいし、染めていいし、大きな声で話していいし笑っていいし行事でも騒い

でいい。目立たない人は、全部だめだ。

　ⓑこの判断だけは誰も間違わない。どれだけテストで間違いを連発するよ

うな馬鹿でも、この選択は誤らない。

　なんでだろうなんでだろう、なんて言いながら、僕は全部自分で決めて、

自分で勝手に立場をわきまえている。

　僕はそういう人間だ。そういう人間になってしまったんだ。

　ステージの上から自分のクラスの列を見ても、誰も僕らに興味を示してい

なさそうだった。僕はさささーと視線を流して、背の高い、きれいなブラウ

ンのポニーテールを探す。ずっと変わらないあのシルエットを探す。ほんの

りと期待していたが、彼女はステージには目もくれず前後の女子とおしゃべ

りに興じていた。

　かすみ、と心の中で呼んでみる。もうきっと二度と口に出して呼ぶことの

ない呼び名を、もうきっと二度と触れないであろうさらさらの髪の毛に向

かって。

　「では最後に、映画部」

　ⓒ僕の意識は別のところにあったため、咄嗟に裏返った声で返事をしてし

まった。冷たい笑い声がなんとなく聞こえてきて、それは僕のてのひらをじんわりと湿らせた。目立つようなことは絶対にしないでいようって決めていたのに。

　できるだけ自然に歩こうとする。校長の正面に行くだけなのだから、ものすごく短い距離なのだが、自然に、自然に、自然に。そう思えば思うほど、周りから見たら滑稽な感じになっているのではないかと、思ってしまう。

　自分は誰より「上」で、誰より「下」で、っていうのは、クラスに入った瞬間になぜだかわかる。僕は映画部に入ったとき、武文と「同じ」だと感じた。そして僕らはまとめて「下」なのだと、誰に言われるまでもなく察するのだ。

　察しなければならないのだ。

　「映画甲子園、という高校生映画コンクールの全国大会がありましてね、そこで映画部は審査員特別賞を獲りました。では読み上げます」

　あ。

　僕はそこで⒟とても嫌な予感がした。背中にそっと細い氷を差し込まれたようで、できるならばもう表彰状を受け取って降壇してしまいたかった。

　「……その栄誉を讃えここに賞します。作品タイトル、『陽炎〜いつまでも君を待つ〜』おめでとう！」

　いっそ笑い声が起こったほうがよかった。何人かの噴き出しと不穏なざわめきが波のように迫ってきた。タイトルやべー、という男子の声は聞こえた。それだけははっきりと聞こえた。きっと武文にも聞こえているはずだ。隣では、⒠武文が大きめの学生服のすそを、ぎゅ、と強く握りしめているのが見えた。自分のてのひらに爪が食い込んでいることを、僕はそのとき気づいた。

　⒡僕らは気づかない振りをするのが得意だ。

114

　表彰式のことには一言も触れないまま、数Ｂと古典と現代社会の間にある10分間の休み時間をやりすごした。休み時間になるたびに、武文は僕の席までやってくる。なんとなく話をしたあと、トイレに行ってみたり水を飲みに行ってみたり、その場所に居続けてみたりして、とりあえず10分間を過ごす。

　自分達が傷つきそうなことには近づかない。もう一度、自分のこの立ち位置を再確認するようなことはしない。

　ひとりじゃない空間を作って、それをキープしたままでないと、教室っていうものは、息苦しくて仕方がない。それをかっこよくこなせるほど17歳って強くないし、⑧そういう人はいるかもしれないけど自分はそうじゃないってことだ。

（朝井リョウ『桐島、部活やめるってよ』集英社）

❶．「[ⓐ]僕は何一つ違反していない制服を身にまとっていて」とありますが、それはどうしてですか。

      a   違反するものを身にまといたいが、買える場所がわからないから。

      b   校則に違反するようなことは、よくないことだと思っているから。

      c   自分のことを学校で目立ってはいけない存在だと思っているから。

      d   表彰式に出て、教師や全校生徒の前に立たなければならないから。

❷．「[ⓑ]この判断」というのは、どういうことですか。

      a   学校での自分の立場をわきまえながら行動すること

      b   声の大きさなどを場所や状況に合わせて変えること

      c   自分にもっとも合ったクラブ活動をよく考えて選ぶこと

      d   文化部より運動部に入るほうが有利だと考えること

❸．「[ⓒ]僕の意識は別のところにあった」とありますが、どこに「あった」のですか。

      a   映画部の将来

      b   自分のクラス

      c   会場の冷たい笑い声

      d   ポニーテールの女子

❹．「[ⓓ]とても嫌な予感がした」とありますが、どんな「予感」がしたのですか。

＿＿＿＿＿＿＿＿＿＿＿＿＿＿＿＿＿＿＿＿＿＿＿＿＿＿＿＿＿ときに、

＿＿＿＿＿＿＿＿＿＿＿＿＿＿＿＿＿＿＿＿＿起こるのではないかという予感

❺．「ⓔ武文が大きめの学生服のすそを、ぎゅ、と強く握りしめている」とありますが、

　　これは「武文」のどんな気持ちを表していると思いますか。

　　　　　　　　　　　　　　　　　さと　　　　　　　　　　　　　さとが、入り交じった気持ち

❻．「ⓕ僕らは気づかない振りをするのが得意だ」とありますが、それはどうしてですか。

　　22字にまとめて、書いてください。

												し	て		
	た	く	な	い	か	ら									

22

❼．「ⓖそういう人」というのは、どういう人ですか。「僕ら」との対比をヒントに、「い

　　つ」「どこ」「どんな」がわかるように書いてください。

　　_____

　　_____人

①　あなたの国の中学・高校には、日本のようなクラブ活動がありますか。あ

　　る場合、どんなクラブが人気ですか。

②　「読み物1」を読んで印象に残った場面、言葉は何ですか。

スクールカースト

1 みなさんは「ⓐスクールカースト」という言葉をご存知だろうか。

2 ためしにこの言葉をネット検索してみると、実に100万件以上がヒットす

3 る。また、ここ数年の間に「スクールカースト」を題材（の一部）にした映

4 画やテレビドラマ、漫画や小説が種々制作され、日頃はファッションをメイ

5 ンに華やかな話題が誌面を彩る女性誌でも、この話題が特集記事として組ま

6 れたことがあるなど、スクールカーストに対する世間の関心の高さがうかが

7 える。

8 ここでこの言葉の意味を確認しておくと、「スクール」はもちろん学校を

9 意味し、「カースト」は、インドなどで古くから伝わる身分階級制度のこと

10 である。つまり、最近の学校では同じクラスの生徒の間で、カースト制度の

11 ような「上位、中位、下位」「1軍、2軍、3軍」といったランク付けが発生

12 しているというのだ。

13 スクールカーストとそれを取り巻く問題について、少し詳しく見ていこう。

14 『教室内（スクール）カースト』の著書がある鈴木翔によれば、スクールカー

15 ストの萌芽は早ければ小学校高学年くらいから、遅くとも中学校入学時には

16 見られるようになるという。クラスのようにある程度の人数の集団になれば、

17 性格的な相性や趣味などによっていくつかのグループに分かれるのは特にお

18 かしなことではない。が、そこにおのずと「どのグループが上で、どのグルー

プが下か」という意識が生徒間で生まれ、それがクラスで共有されることによって、スクールカーストが形成されてしまうのだそうだ。

　そうして生まれるスクールカーストにおいて、上位グループに入るのは、男子ではスポーツが得意なイケメン、女子ではファッションに敏感なギャル系や清楚系、逆に下位グループに入るのは地味なオタク系が多いとされ、上位グループには「学校で楽しく振る舞うことができる」権利が与えられる。一方、下位グループは上位グループに逆らうと、今後学校生活を送る上で不利な状況がもたらされることになり、それが昂じるとクラス内での孤立化、さらにはいじめへと発展する場合もある。そのため⑤下位グループが上位グループに逆らうことはめったになく、上下関係はいっそう強固なものとなっていく。

　もちろん、こうした上下の権力関係は明文化されたものではないから、集団の外にいる者にとっては、その実態はきわめて見えづらい。そしてそれは、彼らと日々接している現場の教師にとっても同様のようだ。

　鈴木によると、教師はこのようなグループ同士の関係を「権力」による関係性ではなく、「能力」による関係性として捉える傾向があるという。ここでいう「能力」とは「リーダーシップ」や「コミュニケーション能力」などを指す。そして教師の中には、これらは社会に出たら必要不可欠なものだから、学校にいるうちにぜひとも身につけなければならないものと考え、このようなグループ同士の関係性が、下位グループの生徒には自分の能力の欠如に気づき、努力するきっかけとなるものであると、肯定的な認識を持つ者さえいるという。

　しかし、鈴木も指摘するように、ここには大きな問題がある。

まず、「コミュニケーション能力」も「リーダーシップ」も、どこででも通じるような万能、絶対的なものではないという点。

今いるクラスの中では常に会話の中心にいるような存在であっても、ほかの集団で同じような振る舞いができるとは限らないし、サッカー部のキャプテンに合唱コンクールのクラスリーダーが務まるとは限らない。それなのに、教師がある特定の生徒をコミュニケーション能力に優れ、リーダーシップがある者として常に扱うようになれば、上位グループが権力を行使することにお墨付きを与えてしまうような事態に、結果的にはなってしまうだろう。

次に、教師によってこれらの能力が欠如しているとされてしまった生徒に社会的に劣っているとの認識を抱かせてしまうおそれがあるという点。

人付き合いや上に立つのが苦手ということをもって、人として劣った存在とみなすことはもちろんできないし、前述とは逆に、今いるクラス以外の集団であれば、彼らが「コミュニケーション能力」や「リーダーシップ」を発揮できるようになる可能性は十分あり得る。

スクールカーストは下位グループだけでなく、上位グループにもまた、©ある種のプレッシャーを生んでいるようだ。

上位グループに属する生徒によると、「上」にいる以上、教師への発言や下位グループに向けた野次など、「義務として」その権力を行使しなければならなくなる場面があるのだという。

「いやなんか、先生がウケねらいにきたら、『はあ～？』とか言わなきゃいけなくて（笑）。そういうこと言わなきゃ的な空気が教室にはあるんで（笑）。言わなきゃ空気がよどんでしまうというか。『帰りてえんだけ

ど〜』とか。『マジだりいよ』とか、そういう。特に帰りたくはないん
ですけどね。家に帰ってもヒマなので（笑）。そういうこと言わなきゃ
いけないんですよ。大変なんです、『1軍』も。」

（鈴木翔『教室内（スクール）カースト』より引用）

　職場にせよ、ママ友にせよ、人が集まるところ、職位職階などとはまた別
のところでなんらかの上下関係が生じ、そこにいることで息苦しさを感じて
しまうというようなことは、私たち大人にとってもそれほど珍しいことでは
ない。しかしそれにしても、いまの日本の学校はあまりにも閉鎖的であって、
そこだけが社会全体であるかのような錯覚を子どもたちに抱かせてしまいや
すい。

　小説『桐島、部活やめるってよ』の主人公の一人で、カースト上位グルー
プに属している菊池宏樹は、彼女にも友だちにも事欠かない毎日を送ってい
るが、心の中ではこう呟く。

　　未来はどこまでも広がっている。
　　違う、出発点から動いていないからそう見えるだけだ。

　彼もまた、それに甘んじながら日々を過ごしつつも、どうにも身動きのと
りづらい高校生活に対して、いわく言いがたいイライラを抱きつづけている
のかもしれない。

❶.「ⓐスクールカースト」というのは、どのようなことですか。20字で書いてください。

		付	け																

20

❷.「ⓑ下位グループが上位グループに逆らうことはめったになく」とありますが、それはどうしてですか。本文から言葉を探して、25字で書いてください。

									か	ら														

25

❸.筆者は、教師が「スクールカースト」を肯定的に受け止めることによって、上位・下位グループの生徒にどのような影響が生じると言っていますか。本文から言葉を探して、書いてください。（各21字）

上位グループ

21

下位グループ

21

❹.「<u>©ある種のプレッシャー</u>」とありますが、具体的にはどんなことですか。

本文から言葉を探して、書いてください。

_____

_____

❺. スクールカースト上位の生徒の説明として、<u>本文の内容と合わないもの</u>は、どれですか。

    a　学校で楽しくふるまえる権利を持っている。

    b　女子ではファッションに敏感な生徒が多い。

    c　言いたくなくても何か言わなければならない場面がある。

    d　学内外のいたるところでリーダーシップの発揮ができる。

❻. 筆者は、日本の学校と職場について、どのように考えていますか。いちばん近いものを一つ選んでください。

    a　職場は権力によって、学校は能力によって関係性が作られる。

    b　職場は能力によって、学校は権力によって関係性が作られる。

    c　職場と学校を比べると、学校のほうが、よりいっそう閉鎖的である。

    d　職場と学校を比べると、職場のほうが、よりいっそう閉鎖的である。

① 「スクールカースト」が起こらないようにするためには、どうすればいい

　　と思いますか。

② あなたの国では学校、教育に関して、どのようなことが問題になっていま

　　すか。

③ _____

中高生に人気のスポーツ系クラブ活動

中学校

男子		女子	
1位	サッカー	1位	ソフトテニス
2位	軟式野球	2位	バレーボール
3位	バスケットボール	3位	バスケットボール
4位	卓球	4位	卓球
5位	ソフトテニス	5位	陸上競技

（日本中学校体育連盟「令和元年度加盟校調査集計 加盟生徒数」
をもとに作成）

高等学校

男子		女子	
1位	サッカー	1位	バレーボール
2位	硬式野球	2位	バスケットボール
3位	バスケットボール	3位	バドミントン
4位	陸上競技	4位	陸上競技
5位	バドミントン	5位	ソフトテニス

（日本高等学校体育連盟「令和元年度（公財）全国高等学校体育連
盟 加盟・登録状況【全日制＋定通制】」、日本高等学校野球連盟「部
員数統計（硬式）」をもとに作成）

クラブ活動

『キャプテン翼』のサッカー部、『SLAM DUNK（スラムダンク）』のバスケットボール部、『ちはやふる』の競技かるた部等々、多くのアニメや漫画の舞台にもなっているクラブ活動。とりわけ春・夏の高校野球甲子園大会や、お正月の箱根駅伝は、全国の野球部員、陸上部員の目標、憧れであるとともに、それぞれの季節を代表する風物詩といえるような存在になっています。

日本では学校単位でごく普通に行われているクラブ活動ですが、ここ数年、部内のいじめや監督、コーチのいきすぎた指導による生徒の自殺、放課後・休日を問わず行われる長時間の練習や対外試合に立ち会わされる顧問教師の過労死などの、いわゆる「ブラック部活」が社会問題化しています。

これに対して、学校では練習時間を短縮したり、外部の優秀な指導者をこれまで以上に数多く招き入れたりするなど、さまざまな取り組みを行っていますが、それらはまだ始まったばかりです。

白球を追う高校球児や箱根路を襷で繋ぐ大学生ランナーたちの姿は、それを見る人々に大きな感動を与えてくれます。しかし、そうであるからこそ、すべてのクラブ活動を真に健全なものにするのは、私たち大人の役割であり、責任なのです。

09

夫婦別姓をめぐって

姓の選択は時代の潮流

1 　私は選択的夫婦別姓に対する現在の国や司法の姿勢には、大きな疑問を抱

2 かざるを得ません。2015年9月に政府が閣議決定した答弁書によると、法

3 で夫婦同姓を義務づけている国は日本以外ではみとめられないそうです。

4 ⓐそのような事実を把握しているにもかかわらず、それを改めようとしない

5 国の姿勢はどう考えても不可解です。

6 　夫婦同姓を主張する人たちの多くは「別姓を認めれば、家族が崩壊してし

7 まう」と述べたてます。しかしその人たちの考える「家族」というのはいか

8 なるものかというと、家長すなわち一家の父親の言うことには絶対服従とい

9 う、戦前の家父長制に由来するものであることは明らかです。だとすると、

10 彼らのいう「家族」は、日本が戦争に敗れ、戦後民主主義体制が発足した時

11 点ですでに「崩壊」しているのです。

12 　もちろん、だからといってそのような「ⓑ過去の家族のあり方」に固執す

13 ることを否定するつもりはありません。しかしながら、そうした考え方をす

14 べての国民に押し付けるような姿勢には、断固として反対しなければなりま

15 せん。

16 　現行民法では結婚に際して「夫又は妻の氏を称する」ものと定めており、

17 それをもって男女の機会平等は保障されているとの意見もありますが、実際

18 のところは9割を超える夫婦が夫の姓を選択しています。そしてその中には、

後述するように©<u>やむを得ず夫の姓を選択する女性が少なからず存在してい</u>　19
<u>る</u>のです。　20

　夫婦同姓制度の問題点について、具体的に見ていきましょう。　21

　まずは先にも少し触れた男女の不平等の問題。養子縁組などでもないかぎ　22
り（もしくはそれも含めて）、今の日本では男性が妻の姓を選択する場合、　23
周囲から奇異の目、好奇の目に晒されることを覚悟しなければなりません。　24
このような、男性が妻の姓を名乗りにくいという社会的風潮が支配的である　25
以上、結局は好むと好まざるとにかかわらず、姓を変えなければならないの　26
は女性のほうということになります。そして、姓を変更する際の負担とデメ　27
リットを背負い込むことになるのもまた、女性のほう。銀行口座にパスポー　28
ト、運転免許証などなどの名義変更に多大な時間と労力がかかるほか、働く　29
女性の中には、姓を変えたばかりに仕事の機会を失うようなことも少なくな　30
いのです。　31

　このような状況をふまえ、国連の女性差別撤廃委員会が2003年以降、再　32
三にわたって夫婦同姓の制度を改正するよう勧告を出しているにもかかわら　33
ず、日本政府がそれにこたえようとする気配はいまだにありません。　34

　次に、国際結婚では夫婦別姓が認められているのに、なぜ日本人同士の結　35
婚では認められないのかという問題。日本の戸籍法は、国際結婚で姓を変更　36
する場合は婚姻の日から6カ月以内に届出をする必要があるとしています。　37
つまり、「届出をしなければ、別姓のままでもよい」ということなのです。　38
　国際結婚の夫婦には夫婦別姓が認められ、日本人同士の夫婦にはその権利　39
が認められないというのは、憲法で保障された法の下の平等に明らかに違反　40

41 しています。

42 　そして、夫婦同姓制度は子どものいじめも誘発しているという問題。SNS
43 上の議論などでは、選択的夫婦別姓の導入によって「夫婦の名字が違うとい
44 じめられる」「親と名字が違うなんて、子どもがかわいそう」といった意見
45 を目にすることがありますが、[ⓓ]事実は逆だと思います。みんなの当たり前
46 が「結婚＝家族の名字が同じ」のため、親の事実婚や国際結婚、離婚などに
47 より、夫婦や親子の名字が違うと、それだけでからかわれ、いじめへとエス
48 カレートするということが、事実として存在しています。そして実際にその
49 ような経験をした人たちからは「別姓が導入されて『親は結婚して、別姓を
50 選択したんだ』とストレートに説明できれば、からかわれる要素も減るので
51 は」との声も聞かれます。

52 　法務省が 2017 年に実施した調査によると、選択的夫婦別姓を支持する意
53 見は 42.5％で、夫婦同姓支持の 29.3％を大きく上回っています。
54 　国や司法はこうした国民の声に真摯に耳を傾け、選択的夫婦別姓を認める
55 方向へと大きく舵を切ってほしいと思います。

読み物 1　問題

❶.「ⓐそのような事実」とは何ですか。本文から言葉を探して、書いてください。

＿＿＿＿＿＿＿＿＿＿＿＿＿＿＿＿＿＿＿＿＿＿＿＿＿＿＿＿＿＿こと

❷. 筆者は「ⓑ過去の家族のあり方」を何に基づくものだと考えていますか。

本文から言葉を探して、4 字で書いてください。

4

❸.「ⓒやむを得ず夫の姓を選択する女性が少なからず存在している」とありますが、

筆者はその理由を何だと考えていますか。本文から言葉を探して、40 字で書いて

ください。

40

❹.「筆者は、夫婦同姓によって姓を変える側にはどのような問題が生じていると言っ
ていますか。本文から言葉を探して、二つ書いてください。（各17字）

17

17

❺.「⒟事実は逆だ」とありますが、ここでの「事実」というのは何ですか。本文から
言葉を探して、21字で書いてください。

21

❻.「夫婦同姓」について、本文の内容と合うものに〇、合わないものに×を書いてく
ださい。

①（　　）国の判断と司法の判断で、意見が分かれている。

②（　　）国連が再三にわたって改正するよう勧告している。

③（　　）国際結婚をする夫婦には、従う義務がない。

④（　　）夫婦同姓によっていじめが防げると考える人もいる。

⑤（　　）選択的夫婦別姓よりも、支持する人が多い。

① あなたの国では夫婦や親子の姓について、どのように定められていますか。

② あなたの国では、従来の法律や制度、慣習等について議論になっていることがありますか。

夫婦別姓は
家族と社会を壊す

1　ここ数年、夫婦別姓をめぐる議論が喧しいが、冗談ではない。

2　前世紀末のバブル崩壊以降、日本ではさまざまな制度やシステムのメルト

3　ダウンが進んでいる。しかし[@]それは、制度そのものが戦後もしくはそれ以

4　前から長らく抱え続けてきた負の側面に起因するものであるから、ある意味

5　自業自得、壊れるに任せておけばよく、近い将来、よりよい形で再生もしよう。

6　が、これが家族の崩壊につながる話となると、放ってはおけぬ問題である。

7　「今議論されているのはあくまで選択的夫婦別姓であって、皆が皆、別姓

8　にせよという話ではないのだから、別にそこまで目くじらを立てるようなこ

9　とではないのではないか」との意見もあるが、そうではない。

10　夫婦および親子は共同体であり、姓が同じであることは、それを結びつけ

11　る、まさに「絆」の役割を果たしている。それがひとたび、夫婦別姓を導入

12　してしまえば夫婦および親子の関係性はますます希薄化し、あってないよう

13　なものへとなり果ててしまうであろう。そしてそれは、おのずと家族の崩壊

14　を招くことになる。

15　昨今ではただでさえ子どもの虐待死やDVなど、家庭内の犯罪が増加傾向

16　にあるというのに、ここへきてさらに夫婦別姓など認めようものなら、この

17　傾向にいっそう拍車をかけるものとなることは、火を見るよりも明らかであ

18　る。そしてそのような殺伐とした空気は一家庭にとどまらず、当然のことな

19　がら外へ外へと拡散し、社会全体の治安の悪化を招く結果となるのは必至で

ある。つまり、隣の家族の問題をしょせん他人事などと言って済ますことなど、到底できることではないのである。

　日本社会の人間関係はしばしば、血縁、地縁、社縁から成り立っているといわれてきた。だが人口の集中する都市部では、隣近所の者同士が道ですれ違っても挨拶一つせず、会社のほうも終身雇用などいまは昔、若手社員は会社の付き合いよりもプライベート優先で、上司が飲みに誘っても嫌がって参加しようとしない。このように、地縁、社縁が消えてなくなりつつある現在、血縁の中核たる夫婦の絆も壊れてしまえば、これはもう、日本社会全体の崩壊を招くものといっても過言ではあるまい。

　たしかに夫婦同姓だと、どちらか一方が姓を変えることになる。そしてその際、姓を変えることの圧倒的に多い妻の側の諸手続きがきわめて煩雑になることをあげ、これこそまさに男女不平等、したがって夫婦別姓への移行は当然と言い立てる向きは少なくない。しかしながら、今後ネットワーク化がいっそう進む中で、マイナンバー制度などとうまく連動させられるようになれば、⑥そのような問題も比較的容易に解決できるようになるのではないか。
　それから、今や夫婦別姓を認めないのは日本だけであって、これは世界全体の流れに照らしてみてもおかしいとの意見もある。しかしこれに対しても、ⓒ死刑制度の問題をここで引き合いに出すのはいささか気が引けるのであるが、夫婦別姓を支持する人たちのうち、いったいどのぐらいの人たちが死刑廃止を支持しているのだろうか。日本の法律が世界の趨勢に反するというのであれば、夫婦別姓も死刑廃止も、同時に議論すべきであろう。

ちなみに、毎日新聞が2015年に行った世論調査によると、「夫婦別姓が認められた場合、あなたなら夫婦で同じ名字を選びますか、別々の名字を選びますか」との問いには、73％が「同じ名字」と答え、13％が「別々の名字」と答えた。その結果を見て、私自身はひとまず安堵（あんど）している。明らかに自覚的なものではないにしろ、夫婦別姓によって生じるであろう諸問題を、多くの人がそれとなく感じているのではないかと考えたからである。

　何事においても壊すのは一時（いっとき）、しかしそれを再び築き上げるのには途方もない時間がかかる。
　日本の国民の皆さんには、ぜひともその場限りの情緒に流されることのない、慎重な判断をお願いしたい。

問題

❶. 「ⓐそれ」が指すものは何ですか。

　　a　前世紀末のバブル崩壊

　　b　夫婦別姓をめぐる議論

　　c　制度システムのメルトダウン

　　d　家族制度の崩壊につながる話

❷. 筆者は、夫婦同姓が果たしている役割は何だと考えていますか。12字にまとめて
書いてください。

										も	の

12

❸. 「ⓑそのような問題」というのは、どんなことですか。15字にまとめて書いてくだ
さい。

				際	の						さ

15

❹. 筆者がここで「ⓒ死刑制度の問題」に言及しているのは、どうしてですか。

　　a　死刑制度廃止も夫婦別姓も、それを支持する人の割合は、だいたい同じだ
　　　　から。

　　b　死刑制度廃止を支持する人と夫婦別姓を支持する人は、だいたい重なるから。

　　c　夫婦別姓と同じように、世界では死刑制度廃止に向けた方向に進んでいる
　　　　から。

　　d　夫婦別姓と同じように、日本では死刑制度廃止に反対する人が今も多いから。

❺. 筆者が選択的夫婦別姓に反対する理由や根拠として、<u>あてはまらないもの</u>は、どれですか。

      a   家族や社会の問題をさらにいっそう増加させる原因になる。

      b   日本社会における人間関係の崩壊をいっそう進めてしまう。

      c   夫婦別姓を選ぼうと考えている人は、日本では多くない。

      d   マイナンバー制度がネットワーク化に対応できていない。

❻. 「夫婦同姓」について、本文の内容と合うものに○、合わないものに×を書いてください。

      ①（　　　）日本の諸制度の負の側面に起因する。

      ②（　　　）家族の「絆」としての役割を果たしている。

      ③（　　　）治安の悪化を招く原因になっている。

      ④（　　　）日本以外で義務付けている国はない。

      ⑤（　　　）結婚に際し、その選択を考えている人は少ない。

発　展

① あなたは日本の夫婦同姓制度について、どう思いますか。

② あなたが違和感を持つ、「日本の当たり前」は何ですか。

③ ＿＿＿＿＿＿＿＿＿＿＿＿＿＿＿＿＿＿＿＿＿＿＿＿＿＿＿＿＿＿＿＿＿＿＿＿＿＿

家族の法制に関する世論調査

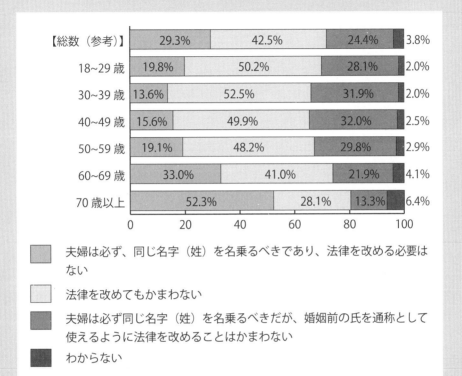

【総数（参考）】	29.3%	42.5%	24.4%	3.8%
18~29 歳	19.8%	50.2%	28.1%	2.0%
30~39 歳	13.6%	52.5%	31.9%	2.0%
40~49 歳	15.6%	49.9%	32.0%	2.5%
50~59 歳	19.1%	48.2%	29.8%	2.9%
60~69 歳	33.0%	41.0%	21.9%	4.1%
70 歳以上	52.3%	28.1%	13.3%	6.4%

■ 夫婦は必ず、同じ名字（姓）を名乗るべきであり、法律を改める必要はない

□ 法律を改めてもかまわない

■ 夫婦は必ず同じ名字（姓）を名乗るべきだが、婚姻前の氏を通称として使えるように法律を改めることはかまわない

■ わからない

（法務省「平成 29 年度実施 家族の法制に関する世論調査」をもとに作成）

結婚後の名字について

Q. 夫婦別姓が認められた場合、あなたなら夫婦で同じ名字を選びますか、別々の名字を選びますか。

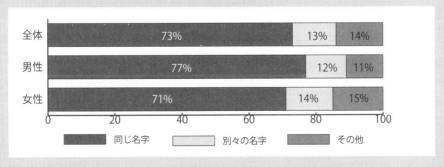

全体	73%	13%	14%
男性	77%	12%	11%
女性	71%	14%	15%

■ 同じ名字　　□ 別々の名字　　■ その他

『毎日新聞 2015 年 12 月 7 日 朝刊』をもとに作成

夫婦の名字、世界では

　現在、夫婦同姓を法律で義務付けている国は、世界でも日本以外にはないそうです。過去において、日本のように家父長制が重視されてきたヨーロッパなどでも、1979年に採択された国連による「女性差別撤廃条約」を受けて、選択的夫婦別姓を導入する国が増え、夫と妻の姓をつなげる「結合姓」が選択できる国も増えていきました。

　さらに、夫婦間で生まれた子の姓が自由に選べる法改正も、さまざまな国で進んでいます。たとえば韓国では、2007年の制度改正により、これまで父親の姓を名乗ることとしていたものを、母親の姓を選択することも可能になりました。

　一方で、インドネシアのように、ほとんどの国民が姓という概念自体を持たない国もあり、そのような国の人たちにとっては、夫婦の姓をどうするべきかなど、「？」な話題なのかもしれません。

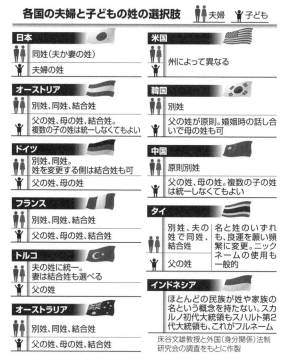

各国の夫婦と子どもの姓の選択肢　♛♛夫婦　♛子ども

日本
- 夫婦: 同姓（夫か妻の姓）
- 子ども: 夫婦の姓

オーストリア
- 夫婦: 別姓、同姓、結合姓
- 子ども: 父の姓、母の姓、結合姓。複数の子の姓は統一しなくてもよい

ドイツ
- 夫婦: 別姓、同姓。姓を変更する側は結合姓も可
- 子ども: 父の姓、母の姓

フランス
- 夫婦: 別姓、同姓、結合姓
- 子ども: 父の姓、母の姓、結合姓

トルコ
- 夫婦: 夫の姓に統一。妻は結合姓も選べる
- 子ども: 父の姓

オーストラリア
- 夫婦: 別姓、同姓、結合姓
- 子ども: 父の姓、母の姓、結合姓

米国
- 夫婦: 州によって異なる
- 子ども: 州によって異なる

韓国
- 夫婦: 別姓
- 子ども: 父の姓が原則。婚姻時の話し合いで母の姓も可

中国
- 夫婦: 原則別姓
- 子ども: 父の姓、母の姓。複数の子の姓は統一しなくてもよい

タイ
- 夫婦: 別姓、夫の姓で同姓、結合姓
- 子ども: 父の姓
- 名と姓のいずれも、良運を願い頻繁に変更。ニックネームの使用も一般的

インドネシア
- ほとんどの民族が姓や家族の名という概念を持たない。スカルノ初代大統領もスハルト第2代大統領も、これがフルネーム

床谷文雄教授と外国（身分関係）法制研究会の調査をもとに作製

朝日新聞大阪版　2016年5月4日朝刊

10

人生の終わり

「すぐ死ぬんだから」

1 　おそらく、若い人の多くは気づいている。

2 　「男も女もさ、年齢取れば取るほど、見ために差が出るよな」

3 　「うん。メッチャ違うもんね」

4 　「な。放っとくとどんどんヤバくなるんじゃね？」

5 　おそらく、「@ヤバい高齢者」の多くは、自分がヤバい範疇にいること

6 に気づいていない。

7 　ただ、それを注意するのは非常に難しい。たとえ自分の父や母であっ

8 てもだ。（　ア　）を意識することへの個人的な可否もあるだろうし、

9 ヤバくても他人に迷惑はかけていないという思いも持っているだろう。

10 （　イ　）にこだわると、隣り近所から浮くという人たちも実際に数多

11 くいた。

12 　それでも思い切って注意すれば、返ってくる答は、

13 　「このトシになったら、楽なのが一番」

14 　であり、

15 　「どうせ、⑥すぐ死ぬんだから」

16 　と続くはずだ。

　　　　　　　　　　　　　（内館牧子『すぐ死ぬんだから』p.318. 講談社）

17 　映画や小説、テレビドラマにと、数々のヒット作を生み出してきた作家で

18 脚本家の内館牧子さん。その内館さんが2018年に発表した小説のタイトル

が『すぐ死ぬんだから』。読んで一瞬ドキリとする言葉だが、この言葉には、

どういう意味が込められているのだろうか。

　　「すぐ死ぬんだから」というセリフは、高齢者にとって免罪符である。

　　それを口にすれば、楽な方へ楽な方へと流れても文句は言われない。

　「このトシだから、（　ウ　）なんてどうでもいいよ」「誰も私なんか見

　てないから」「このトシになると、色々考えたくない」等々が、「どうせ

　すぐ死ぬんだからサァ」でみごとに完結する。

（同書，p.319）

けれども、はたしてそれでいいのかどうか。内館さんは、折しも八十代が

集まる会合に行く機会があり、若く見える人と老けて見える人、見た目の差

が激しいことに驚く。そして、若く見える人ほど発言は活発で、周囲への気

配りも怠らない。内館さんはこの光景を見て、こう思ったという。

　　「すぐ死ぬんだから」と自分に手をかけず、（　エ　）を放りっぱなし

　という生き方は、「ⓒセルフネグレクト」なのではないか

（同書，p.320）

　小説の主人公は、夫婦で営んでいた酒店を息子に譲り、隠居生活を送る

80歳を間近にした女性、忍ハナ。実年齢より上に見られたのをきっかけに、

（　オ　）磨きに目覚める。

　内館さんは新聞社のインタビューに答えて、こう語る。

「ⓓ反対する人はいっぱいいるだろうけど、年を取ったら『見た目ファー

ス卜』っていう話を描きたかった。高い物を着てるとか顔がいいとかじゃなくて、いかに自分に手をかけているか」

　「人間は（　カ　）」という声は必ず出るものだ。しかし、外見が（　キ　）と連動している現実は、前述の会合で痛いほど感じた。
　「自分が自分に関心を持っている」ということこそ、セルフネグレクトの対極である。

（同書, p.320, p.321）

　内館さんは何も高齢者が若者と張り合って、美白だ、アンチエイジングだと騒ぐことを勧めているわけではない。

　化粧には二つの効用があるという。スキンケアは「癒し」をもたらし、メーキャップは「励み」をもたらすという

（同書, p.322）

　小説の根底にあるのは、「いかに美しく老いるか」を考えること。そしてそのための手助けとなるのが、化粧をはじめとする（　ク　）磨きなのだ。
　内館さんは別の新聞社のインタビューに答えて、こう語る。
　「すぐ死ぬんだから楽が一番というのは分かる。（　ケ　）が大事というのもその通り。けれども、それだけではないのではないか。逆に、すぐ死ぬんだから好きにやる、自分の装いを磨いて心を弾ませるという考え方があってもいい。ハナを通じて、⑥それを伝えたかった」

　人生百年といわれるこれからの時代、「老い」の時間はますます長くなり、 54
そうそう「すぐ」には死ねなくなっている。それゆえか、「長寿地獄」など 55
といわれるほど、長生きがともすると否定的にとらえられがちになっている 56
昨今、内館さんの言葉は、（　コ　）を意識することによって「老い」とい 57
うものをあらためて前向きにとらえなおすための、一つのヒントになるかも 58
しれない。 59

❶.（　ア　）～（　コ　）にはそれぞれ「外見」「中身」のどちらが入りますか。記入
してください。

	外見	中身
ア		

❷.「ⓐ<u>ヤバい高齢者</u>」というのは、どんな高齢者ですか。

  a 自身の外見を意識せず、言い訳に終始する高齢者

  b 若者に負けまいと、美白などに夢中になる高齢者

  c 周囲に気を使わず、自分のことしか考えない高齢者

  d 若く見せようとして、隣近所から浮いている高齢者

❸.「ⓑ<u>すぐ死ぬんだから</u>」と言う理由として、<u>本文の内容と合わないもの</u>は、どれで
すか。

  a 高齢者になったら、楽なのが一番と思っているから。

  b 子どもに迷惑をかける前に死にたいと思っているから。

  c 自分のことなど他人は誰も見ていないと思っているから。

  d 高齢者は外見など気にする必要はないと思っているから。

❹.「ⓒ<u>セルフネグレクト</u>」というのは、どういうことですか。本文から言葉を探して、
17字で書いてください。

												な	い
こ	と												

17

❺．「ⓓ反対する人はいっぱいいる」とありますが、何に反対するのですか。

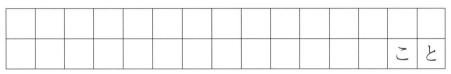

    a　高齢者が高価な服を着て目立ちたがろうとすること

    b　高齢者が年齢を顧みることなく若づくりをすること

    c　高齢者は中身を気にする必要などないと考えること

    d　高齢者も外見に気を配るべきという考えを持つこと

❻．「ⓔそれ」が指す内容を、本文から言葉を探して、30字で書いてください。

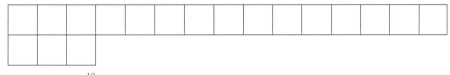

													こ	と

30

❼．筆者は、作者が小説を通じて訴えたいことは何だと考えていますか。本文から言葉を探して、18字で書いてください。

18

①　あなたは「年を取ったら『見た目ファースト』」という考え方について、どう思いますか。

②　あなたの国のお年寄りは、普段どんな生活をしている人が多いですか。

終活花ざかり

1 　高齢化社会を背景にしてのことなのかどうか、若者が就職先を探すために
2 行う就職活動、略して「就活」ならぬ、人生の終わりを迎えるための「終活」
3 という言葉を耳にする機会が増えている。

4 　ある新聞社のアンケート調査によると、35％の人が終活を行っているとの
5 ことであるが、調査対象を75歳以上のいわゆる後期高齢者に限定すれば、
6 その割合はもっと高くなるかもしれない。

7 　ところで、一口に終活といっても、そこで行われていることはさまざまで
8 ある。そこでまずは、その代表的なものとしてマスコミ等でも取り上げられ
9 る機会も比較的多い「エンディングノート」について見ていきたい。

10 　「エンディングノート」というのは、葬儀や埋葬の希望、連絡すべき知人
11 のリスト、自分史、思い出、伝えたいメッセージなどや銀行口座、加入して
12 いる保険のリストといった内容を書き残しておくノートのこと。最近では専
13 用のノートブックや書き方の手引きとノート部分がセットになったものが書
14 店で販売され、自治体やNPOが希望者に無料配布するケースも増えている。
15 2011年には同名の映画も公開され、それがきっかけで、幅広い世代に知ら
16 れるようになった。

17 　「遺影」を生前に準備する動きも広がっている。かつては死を連想させる
18 不吉なものとして、遺影の生前撮影はタブーとされてきたが、故人の表情が
19 硬かったり、画像が不鮮明だったりと、遺族の目から見て不満を感じたこと

がある人も少なくなく、自分が送られる立場になったら、もっと素敵な遺影を準備したいと考える人が徐々に増えているようだ。

　実際、ある写真スタジオの関係者によると、数年前から遺影の依頼が増えはじめ、60歳以上の女性客の約4割は遺影が目的で、毎年遺影を"更新"に来るリピーターもいるという。撮影の際には念入りにメイク＆ドレスアップした上で「エレガントな感じで」「面長なのをわからないようにして」といった注文を出し、プロのカメラマンが撮影した10数枚の写真の中からお気に入りを選んでいく。これらすべての行程を終えるまでに2時間近くをかけるお客もいるそうだ。

　終活を考えている人の中でも、実はもっとも多くの人が頭を悩ませているのが、自分の持ち物整理かもしれない。先ほどの新聞社が行ったアンケートの答えの中にも、「他人には無価値。しかし私には思い出の品々であり宝物。どのタイミングで処分を始めるかが難しい」とか、「両親が亡くなり20年。食器や衣服の整理はようやく終わったが、実家にはいまだに大きな家具が残っている。子どもたちには迷惑をかけたくない」などの回答があった。

　そうした持ち物を手軽に処分するための方法の一つとして注目されているのが、ネットを利用したフリマアプリである。手紙や写真など、あまりにもプライベートなものは無理でも、趣味で集めた人形や、頂き物で未使用のままの食器など、家にある物の中で売れるものは意外に少なくないという。ちなみに、売れる金額は微々たるものであっても、アプリを通じて他者とつながることに生きがいを感じるために利用を続ける高齢者も少なくないのだそうだ。

終活への取り組みをサポートするイベントとしての「終活セミナー」もまた、日本各地で行われている。メニューのラインナップには違いもあり、遺産相続など各種法的手続きに関するレクチャーや、前記エンディングノートの書き方教室、葬儀・埋葬についての相談など、人生の終わりにかかわるテーマが多岐にわたって取り上げられるが、なかでも意外な人気を誇るのが「入棺体験」だ。実際に体験した人たちの感想を聞くと、「今まで死を身近に感じたことがなかった。人生は無駄にできない、大事に生きなきゃと思った」「母もこんな気持ちだったのかと身近に感じた」などさまざまだが、誰もが共通して「体験してみてよかった」と話すのだそうだ。こうした催しに参加するのはやはり高齢者が中心だが、若年層の参加者も見受けられるとのこと。主催者によると、2011年の東日本大震災の影響もあるかもしれないという。

このように全国で拡がりをみせる終活であるが、なかには抵抗を感じる人もいる。たとえば、「（終活という言葉は）どうしても『自ら終わるための活動』と捉えてしまう」とか、「終活という言葉をつけなくても、普段からきちんと生活していればいい」といった意見である。しかしその一方で、「（終活という言葉は好きではないが）独り身のため、老後の資金準備や身の回りの整理をしている。そうすることで、『将来も安心だ』と思えて楽しく生きることができている」「やりたいことを先延ばしせず、行動を起こすことで、自分なりに充実した人生を送りたい。それが終活につながっていくと思う」というように、終活をむしろ生きるための活動として積極的に捉えている意見も少なからず見られた（いずれも前出新聞社によるアンケート回答から引用）。

この世に生きとし生ける者のすべてが、やがては迎える人生の終わり。皆 ₆₄
さんは「終活」を、どのようにお考えだろうか。 ₆₅

❶.「終活」というのは、どういう意味ですか。15字で書いてください。

15

❷.「エンディングノート」がいろいろな人に知られるようになったのは、どうしてですか。19字で書いてください。

	か	ら																

19

❸.「遺影の生前撮影」について、本文の内容と合うものに○、合わないものに×を書いてください。

       ① (   ) 以前は不吉で、やってはいけないものと考えられていた。

       ② (   ) 故人の遺影を見て不満を感じ、行おうと考えた人もいる。

       ③ (   ) ある写真スタジオでは、女性客の4割が遺影の撮影に訪れる。

       ④ (   ) 撮影の際は、カメラマンがお客にいろいろ注文をつけている。

       ⑤ (   ) 遺影を撮影するためにかかる時間は、平均で2時間ぐらいだ。

❹.「自分の持ち物整理」のために、本文ではどんな方法が紹介されていますか。

❺. 筆者は❹を、持ち物整理以外の何のために利用する人がいると述べていますか。本文から言葉を探して、20字で書いてください。

20

❻.「入棺体験」について、本文の内容と合うものに○、合わないものに×を書いてください。

① （　）終活セミナーに参加すれば、誰でもいつでも体験できる。

② （　）終活セミナーのメニューの中でも、人気があるものの一つだ。

③ （　）人生を大切に生きようと思うようになった体験者もいる。

④ （　）体験者は皆、体験してみてよかったという感想を持つ。

⑤ （　）2011年の東日本大震災をきっかけに、日本各地で始められた。

❼. 下線に言葉を入れて、文を完成してください。

ある新聞社のアンケート調査によると、①＿＿＿＿％の人が「終活」と称して、②＿＿＿＿＿＿＿＿＿＿＿＿＿＿を書き残したり、遺影を③＿＿＿＿＿に④＿＿＿＿＿したり、自分の⑤＿＿＿＿＿＿＿＿＿＿などを行っている。こうした活動については⑥＿＿＿＿＿を感じる人がいる一方、むしろ⑦＿＿＿＿＿＿ための活動として、⑧＿＿＿＿＿＿に捉えている人も少なくない。

発　展

① 　あなたの国では、どんな「終活」が行われていますか。

② 　あなたは「終活」について、どう思いますか。

③ 　_____

最後の晩餐
ばんさん

　『最後の晩餐』といえば、イエス・キリストが 12 人の弟子たちとともに最後の食事をとる様子を描いたレオナルド・ダ・ヴィンチの壁画が有名ですが、あるウェブサイトが「最後の晩餐」と称してアンケートを行いました。

　そのアンケートの質問内容は、「人生の最後に何か一つ料理（食べ物）を食べることができるとしたら、何を食べたいか」というもの。

　さて、日本全国の男女 451 名から寄せられた調査結果はというと……。

　第 1 位はダントツで「お寿司」、第 2 位は「おにぎり」で、第 3 位からは順に「ステーキ」「焼き肉」「ラーメン」でした。

　やはり「日本人といえばお米」なのでしょうか。高級感やごちそう感の強い「お寿司」と、お米を使ったシンプルな食べ物の代表といえる「おにぎり」がツー・トップというのは、私たち日本人から見ると納得の結果といえるのかもしれません。

　ちなみに「母の手料理」という答えも 13 票あり、子どものころの懐かしい味を噛みしめつつ、人生の終わりを迎えたいという回答者の気持ちが伝わってきます。

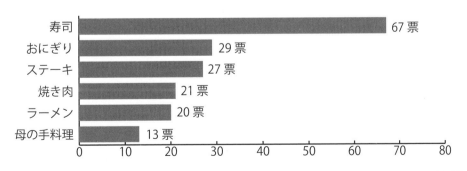

（ハレルヤ https://halleluja.jp/23293　より作成）

【著者略歴】

清水　正幸（しみず　まさゆき）

東京大学文学部国文学科卒業
東京外語専門学校、江戸カルチャーセンター日本語学校など
で日本語教育に従事

【著作】『日本語学習者のための読解厳選テーマ 25+10 ［初中
級］』（凡人社）共著、『日本語学習者のための読解厳選テー
マ 10 ［中級］』（凡人社）共著、『日本語学習者のための読解
厳選テーマ 10 ［中上級］』（凡人社）共著、『日本留学試験 [日
本語・読解] ポイントレッスン＆問題集』（日本能率協会マネ
ジメントセンター）共著

日本語学習者のための
読解厳選テーマ**10**［上級］

| 2021 年　3 月 20 日 | 初版第 1 刷発行 |
| 2024 年 11 月 20 日 | 初版第 2 刷発行 |

著　　　　者	清水正幸
発　　　　行	株式会社 凡 人 社
	〒 102-0093
	東京都千代田区平河町 1-3-13
	TEL：03-3263-3959
イ ラ ス ト	本間昭文
装丁デザイン	コミュニケーションアーツ株式会社
印 刷・製 本	倉敷印刷株式会社

ISBN 978-4-89358-984-2
©Masayuki SHIMIZU　2021　Printed in Japan

日本語学習者のための
読解厳選テーマ10［上級］

語彙リスト
Vocabulary lists / 词汇列表 / Danh sách từ vựng
［英語・中国語・ベトナム語訳付き］

【語彙リスト】

読み物	日本語	English	汉语	Tiếng Việt
		01　漫画・アニメ		
読み物1	踏切（ふみきり）	railroad crossing	铁路道口	Nơi chắn tàu
読み物1	件（くだん）	the above-mentioned, a usual matter/thing	上述,曾经提过的事物	Trường hợp/vấn đề/việc được đề cập ở trên; sự việc thường lệ
読み物1	黎明期（れいめいき）	dawn of a new age, dawn of civilization	萌芽期	Sự bắt đầu, buổi đầu của thời đại mới
読み物1	過疎（化）（かそか）	depopulation (decreasing population)	人口(变得)过于稀少	Suy giảm dân số
読み物1	草の根（くさのね）	grassroots	草根	Cơ sở
読み物2	方便（ほうべん）	expedient	权宜之计	Cách thức, phương tiện
読み物2	蔵書（ぞうしょ）	book collection, personal library	藏书	Bộ sưu tập sách
読み物2	いたく	extremely	非常	Rất, cực kỳ
		02　恋×AI＝？		
読み物2	顰蹙（ひんしゅく）	unpleasant, be frowned on	皱眉头,不高兴	Khó chịu
読み物2	無精（ぶしょう）	lazy, slothful	懒散,不想动	Lười biếng
読み物2	べらぼう	extreme, fatal	非常,极其	Cực độ, quá khích
読み物2	ナノマシン	nanomachine	毫微级计算机	Cỗ máy nano
読み物2	シンクロ	synchronization	同步	Đồng bộ hóa
読み物2	いささか	slightly, a little; not at all, not ...in the least	①稍微,一点儿;②一点儿也不,丝毫没有（后接否定形式）	Chút, một chút, đôi chút
読み物2	いぶかしげな	quizzical, suspicious	怀疑的,诧异的	Nghi ngờ, nghi hoặc
読み物2	仕切りたがり屋（しきりたがりや）	control freak	总想指手划脚的人	Người thích kiểm soát
読み物2	弁慶の泣き所（べんけいのなきどころ）	shin, weak point	胫骨前部,迎面骨,对弱点的比喻用法	Phần phía trước cẳng chân, Điểm yếu
読み物2	蓋（ふた）	cover, lid	盖子	Nắp đậy
		03　見る脳、聞く脳		
読み物2	齟齬（そご）	inconsistency	分歧,不一致	Mâu thuẫn, xung đột
読み物2	嚆矢（こうし）	dawn, start, pioneer	开端	Khởi đầu, tiên phong
読み物2	市松模様（いちまつもよう）	checkered pattern	日式方格图案	Họa tiết kẻ ô
読み物2	不随意運動（ふずいいうんどう）	involuntary movement	不自主运动	Chuyển động không chủ ý, chuyển động vô thức

3

読み物	日本語	English	汉语	Tiếng Việt
読み物2	おぼつかない	doubtful	可疑的, 没把握的	Không đáng tin cậy, đáng ngờ

04　外来生物の今

読み物1	放擲 ほうてき	give up on, quit	放弃, 抛弃	Từ bỏ, bỏ cuộc
読み物1	枚挙に暇がない まいきょ　いとま	too many to count	不胜枚举	Không thể đếm hết, không đếm xuể
読み物2	撹乱 かくらん	disturbance	扰乱	Xáo trộn, nhiễu loạn, rối loạn

05　日本人と宗教

読み物1	古刹 こさつ	old/ancient temple	古寺	Ngôi đền/chùa cổ
読み物2	いささか	slightly, a little; not at all, not ...in the least	①稍微, 一点儿; ②一点儿也不, 丝毫没有 (后接否定形式)	Chút, một chút, đôi chút

06　お花見

読み物1	だめ押し お	to make doubly sure	确保, 使确实	Để hoàn toàn chắc chắn
読み物1	ほおばる	to stuff the mouth	大口吃, 塞满嘴	Ngoạm miếng to, nhét đầy miệng
読み物2	筍 たけのこ	bamboo shoot	竹笋	Măng tre
読み物2	冷奴 ひややっこ	chilled tofu	日式凉拌豆腐	Món đậu phụ lạnh (Hiyayakko)
読み物2	澄まし汁 す　　じる	clear soup	日式清汤	Súp Osumashi (một dạng canh nước trong)
読み物2	禊ぎ みそ	Shinto purification ceremony	神道的驱邪仪式	Nghi thức thanh tẩy trong Thần đạo (Misogi)
読み物2	輪転機 りんてんき	rotary printing press	轮转印刷机	Máy in trục lăn
読み物2	牛耳る ぎゅうじ	to exercise strong control, to dominate, in full command	操纵, 支配	Thống trị, kiểm soát, chi phối
読み物2	地上げ屋 じ　あ　や	land shark	炒地皮商	Người chiếm đoạt đất
読み物2	二毛作 に　もうさく	two crops (or two ___) a year	一年两熟(不同作物)	Hai vụ một năm
コラム	挿し木 さ　き	a cutting	插枝, 插条	Cành giâm

07　富士山

読み物1	しゃがむ	to squat, crouch	蹲下	Ngồi xổm, cúi khuỵu người
読み物1	しょげる	to be dejected, to become despondent	沮丧, 颓丧	Nản lòng, thoái chí
読み物1	どてら	padded kimono	棉和服	Kimono có độn bông

読み物	日本語	English	汉语	Tiếng Việt
読み物1	峠 (とうげ)	mountain pass, ridge, peak	(山路的)最高处, 山顶	Đèo
読み物1	寒村 (かんそん)	poor and run-down village	荒村, 穷乡	Vùng sâu vùng xa, thâm sơn cùng cốc, nơi nghèo nàn tồi tàn
読み物1	物憂い (ものうい)	languid, listless	无精打采, 懒洋洋	Lờ đờ, uể oải, bơ phờ
読み物1	被布 (ひふ)	traditional coat	日本一种传统服装样式	Áo choàng bên ngoài bộ kimono
読み物1	日本髪 (にほんがみ)	traditional Japanese woman's hairstyle	日本传统发式	Kiểu tóc truyền thống của phụ nữ Nhật Bản (Nihongami)
読み物1	ゆう	to do up hair	结发	Búi tóc lên
読み物1	絹物 (きぬもの)	silk fabric, silk clothes	丝绸织物, 丝绸衣服	Quần áo tơ lụa, vải lụa
読み物1	御隠居 (ごいんきょ)	retired person living a laid-back life	退休赋闲者	Người về hưu và có cuộc sống an nhàn
読み物1	憂悶 (ゆうもん)	anguish	忧闷	Đau đớn, thống khổ, khổ não
読み物1	わびしい	empty sadness	寂寥的	Buồn tẻ
読み物1	花弁 (かべん)	flower petal	花瓣	Cánh hoa
読み物1	対峙 (たいじ)	confrontation	对峙	Đương đầu, đối diện nhau
読み物1	けなげな	admirable	大无畏的, 可嘉的	Hiên ngang
読み物1	すっく	straight, upright	笔直	Thẳng, đứng thẳng
読み物1	雁 (がん)	wild goose	大雁	Ngỗng trời
読み物1	箒 (ほうき)	broom	扫帚	Cái chổi
読み物2	秀抜 (しゅうばつ)	outstanding	优秀, 出众	Nổi bật, vượt trội
読み物2	裾 (すそ)	foot of a mountain	山脚, 山麓	Chân núi
読み物2	おあつらいむき	perfect, just right	无可挑剔的, 理想的	Hoàn hảo, lý tưởng
読み物2	蹲る (うずくまる)	to crouch, squat	蹲伏, 蹲坐	Núp, nép mình
読み物2	狼狽 (ろうばい)	confusion	惊慌失措	Bối rối, lúng túng
読み物2	長押 (なげし)	tied beam that are cut to fit around pillars in traditional Japanese architecture	日本传统建筑中连接柱与柱之间的水平横木	Dầm ngang trong kiến trúc truyền thống Nhật Bản
読み物2	母堂 (ぼどう)	your (or his/ her/ their) mother	令堂(对他人母亲的尊称)	Mẹ của bạn (cách nói kính trọng)
読み物2	よもやま話 (よもやまばなし)	speak about various matters/topics	聊天, 侃大山	Nói chuyện phiếm
読み物2	鳥瞰 (ちょうかん)	overlooking, bird's eye view	鸟瞰, 俯瞰	Toàn cảnh nhìn từ trên xuống
読み物2	額縁 (がくぶち)	frame	镜框, 边框	Khung
読み物2	沽券 (こけん)	honor, reputation, dignity	声誉, 体面	Danh dự, thể diện
読み物2	予定調和 (よていちょうわ)	pre-established harmony	预定和谐(哲学家莱布尼兹的学说)。意指世界秩序的和谐, 由神的意志事先决定。	Sự hòa hợp được thiết lập từ trước

読み物	日本語	English	汉语	Tiếng Việt
読み物2	大御所	leading figure	泰斗, 权威	Nhân vật dẫn dắt, có sức ảnh hưởng
読み物2	罪ほろぼし	atonement	赎罪	Chuộc lỗi, đền tội
読み物2	花をもたせる	to let someone else have the credit for something (lit. to let someone carry the flowers)	给人面子, 把荣誉让给别人	Để/nhường cho người khác nhận sự khen ngợi, sự công nhận
読み物2	りりしい	gallant, brave	英俊的, 英武的	Uy nghi, hùng dũng
読み物2	そびえる	to tower	耸立	Sừng sững
読み物2	厭世	pessimistic	厌世	Bi quan, chán đời
読み物2	文士	writer	文人	Nhà văn, tác giả, người viết
読み物2	パラノイア	paranoia	妄想狂, 偏执狂	Hoang tưởng, ảo tưởng

08　今、学校で起きていること

読み物	日本語	English	汉语	Tiếng Việt
読み物1	寸胴	lacking a defined waist	矮胖, 短粗	Dáng suông, không có eo
読み物1	学ラン	Japanese-style school uniform for boys with a straight-lined jacket with a standing collar and pants in the same color	日本一种上下同色, 上衣为立领设计的男学生制服	Đồng phục nam sinh Nhật Bản với áo khoác dáng đứng có cổ đứng và quần cùng màu (Gakuran)
読み物2	昂じる	to grow worse, to grow in intensity	加剧, 程度加深	Trở nên tồi tệ hơn
読み物2	お墨付き	endorsement, approval, etc.	(从权威人士处得到的)保证、认可	Chứng nhận, cho phép, chấp thuận
読み物2	野次	heckling	起哄, 喝倒彩	Chế giễu, nhạo báng
読み物2	(空気が)よどむ	to stagnate (air)	(空气)停滞, 不流通	(Bầu không khí) lắng đọng, tù đọng
知識のサプリ	軟式野球	Japanese-style baseball (lit. soft baseball) using a rubber ball	日式棒球(使用软式橡胶球)	Môn bóng chày dùng bóng mềm
知識のサプリ	硬式野球	regular baseball	硬式棒球	Môn bóng chày dùng bóng cứng
コラム	襷	sash worn across the chest by relay runners	此处指接力长跑者斜挂在肩上的布条	Dải băng đeo chéo qua ngực của người chạy tiếp sức

09　夫婦別姓をめぐって

読み物	日本語	English	汉语	Tiếng Việt
読み物2	喧しい	noisy, boisterous	喧嚣的, 嘈杂的	Ầm ĩ, ồn ào
読み物2	メルトダウン	meltdown	崩溃	Sụp đổ, phá vỡ
読み物2	目くじらをたてる	to find fault with/to get angry over trivial matters	吹毛求疵, 找茬儿	Chuyện bé xé ra to, vạch lá tìm sâu
読み物2	趨勢	tendency, trend	趋势	Xu thế, xu hướng

読み物	日本語	English	汉语	Tiếng Việt

10　人生の終わり

読み物	日本語	English	汉语	Tiếng Việt
読み物 1	範疇 はんちゅう	category	范畴, 领域	Phạm vi, phạm trù
読み物 1	隠居 いんきょ	retirement	退休, 闲居	Về hưu, nghỉ hưu

【解答例】
かいとうれい

01 漫画・アニメ

読み物1 聖地巡礼

❶. ①○ ②× ③× ④○ ⑤×

❷. 漫画やアニメの舞台となった場所を特定すること

❸. 当初、漫画・アニメの「聖地巡礼」を行っていたのは、ネットを通じた情報収集・分析に長けたごく一部のファンに限られていたから

❹. ①○ ②× ③○ ④○ ⑤×

❺. 過疎化や財政難に悩む地方の自治体でも、一発逆転のチャンスになり得るから

❻. d

読み物2 アニメの神様？

❶. A→C→F→B→D→E

❷. ①× ②○ ③○ ④○ ⑤×

❸. 映画館の観衆がアニメにすっかり夢中になって笑ったり泣いたりしている表情を見たこと

❹. ①○ ②× ③○ ④× ⑤×

❺. クオリティの低いアニメが大量生産される原因を作った

❻. c

02 恋×AI＝？

読み物1 AI婚活

❶. b

❷. ①○ ②× ③○ ④× ⑤○

❸. ・男女の「相性度」の算出
・目的外利用の監視と削除

❹. ①× ②○ ③× ④× ⑤○

❺. ここ数年、自身のコミュニケーション力に自信が持てない若者が増えていること

❻. ・地縁血縁などの人間関係が急激に希薄化していること
・リアルな付き合いを苦手とする若者が増えていること

読み物2 即答ツール

❶. d

❷. b

❸. ・値段
・精度

❹. d

❺ ミユキ：ア ウ オ キ
ハルコ：イ エ カ ク ケ コ

❻. ユーザーの幸福を最優先する仕様

❼. ミユキとのつきあいを続けること

03 見る脳、聞く脳

読み物1 ラジオは脳に効く

❶. 視覚に頼って情報を手に入れることに慣れきってしまっていること

❷. b

❸. 初期アルツハイマー病患者が同時に二つのことをするのは、非常な困難を伴うことだから

❹. a

❺. a右脳 b抑え cうつ病 d下げる

❻. ①× ②× ③○ ④○ ⑤○

読み物2 錯視の不思議

❶. a

❷. c

❸. b

❹ ①× ②○ ③× ④○ ⑤○

❺ 脳がだまされているから

❻ 「物事の本質を見る目」の大切さ

04 外来生物の今

読み物1 動物たちの怒りと涙

❶. 都心にアライグマが出没したから

❷. ・ぬいぐるみのように愛くるしい外見
・水で食べ物を洗うように見える仕草

❸. ①○ ②○ ③× ④× ⑤×

❹. ハブを退治するため

❺. マングースは昼行性なのに対して、ハブは夜行性だから

❻. c

読み物2 「日本発」の外来種

❶. ①× ②○ ③○ ④○ ⑤×

❷. ワカメの胞子を含む「バラスト水」が日本の港で船倉に入り、海外の港でばらまかれてしまったため

❸. ①× ②○ ③× ④○ ⑤×

❹. ・「共進化」を経ているために、免疫機能を発達させていること
・多様な菌類・細菌類が競合種、天敵種として生息していること

❺. ・在来種を駆逐して成長してしまう
・移入先での経済活動が妨げられる

❻. ①外来 ②在来 ③被害 ④加害
⑤ワカメ ⑥コイ ⑦外来生物条約
⑧責任 ⑨国際 ⑩規制

05 日本人と宗教

読み物1 日本人の宗教観

❶. ①○ ②○ ③× ④× ⑤○

❷. b

❸. 大いなるものに対する敬意

❹. 信仰を持っていないが、宗教心は大切と考えること

❺. ①○ ②× ③× ④× ⑤○

❻. c

読み物2 ハロウィン奇想曲

❶. 自国の文化習俗との類似性があり、「連想」が働くこと

❷. a

❸. a

❹. ・コスプレファッションやメイドカフェの流行
・日本人のうちに本来備わる仮装好きのDNA

❺. c

❻. 海外由来の文化習俗が移植される際に、決まって自国の文化との「連想」が介在するから

06 お花見

読み物1 花見とは何か

❶. 花見は日本独特の行事であるとの思い

❷. （1）b　（2）a

❸. 「群桜」「飲食」「群集」の三つの要素が備わったもの

❹. 花見どころか桜の鑑賞すらまだ「開発」していないこと

❺. c

❻. b

📖**読み物2** 仙人の桜、俗人の桜

❶. a

❷. 飲食

❸. 俗世間は山ではなく谷に広がっていくから。

❹. c

❺. c

❻. 屋台が染井吉野が咲いている時期にも、八重桜が咲いている時期にも、営業しているという意味。

❼. 仙人の桜：吉野
俗人の桜：造幣局

07 富士山

📖**読み物1** 富嶽百景

❶. b

❷. d

❸. 老婆が富士と反対側の断崖をじっと見つめている様子

❹. a

❺. 人が恋しい気持ち

❻. どの山へのぼっても、おなじ富士山が見えるだけだから

📖**読み物2** 富士よ、あなたに罪はない

❶. 月見草への讃えであって富士山への讃えではない

❷. ○クリスマスの飾り菓子
○沈没しかけてゆく軍艦
○風呂屋のペンキ画
○芝居の書割

❸. a

❹. d

❺. d

❻. a

❼. 太宰治

08 今、学校で起きていること

📖**読み物1** 僕にはわからないことがたくさんある

❶. c

❷. a

❸. d

❹. 校長が映画の作品タイトルを読み上げたときに、笑い声が起こるのではないかという予感

❺. 恥ずかしさと悔しさとが、入り交じった気持ち

❻. 自分の立ち位置を再確認して傷つきたくないから

❼. 休み時間、教室にひとりでいても、かっこよくこなせる人

📖**読み物2** スクールカースト

❶. 同じクラスの生徒の間で発生するランク付け

❷. 今後学校生活を送る上で不利な状況がもたらされるから

❸. 上位グループ：権力を行使することにお墨付きを与えてしまう
下位グループ：社会的に劣っているとの認識を抱かせてしまう

❹. 教師への発言や下位グループに向けた野次など、「義務として」その権力を行使しなければならなくなる

❺. d

❻. c

09 夫婦別姓をめぐって

読み物1 姓の選択は時代の潮流

❶. 法で夫婦同姓を義務づけている国は日本以外ではみとめられないこと

❷. 家父長制

❸. 今の日本では男性が妻の姓を選択する場合、周囲から奇異の目、好奇の目に晒されること

❹. ・名義変更に多大な時間と労力がかかる
・姓を変えたばかりに仕事の機会を失う

❺. 夫婦同姓制度は子どものいじめも誘発している

❻. ①×　②○　③○　④○　⑤×

読み物2 夫婦別姓は家族と社会を壊す

❶. c

❷. 夫婦親子を結びつけるもの

❸. 姓を変える際の諸手続きの煩雑さ

❹. c

❺. d

❻. ①×　②○　③×　④○　⑤×

10 人生の終わり

読み物1 「すぐ死ぬんだから」

❶. 外見：アイウエオクコ
　中身：カキケ

❷. a

❸. b

❹. 自分が自分に関心を持っていないこと

❺. d

❻. 自分の装いを磨いて心を弾ませるという考え方があってもいいこと

❼. 「いかに美しく老いるか」を考えること

読み物2 終活花ざかり

❶. 人生の終わりを迎えるための活動

❷. 2011年に同名の映画が公開されたから

❸. ①○　②○　③×　④×　⑤×

❹. フリマアプリ

❺. 他者とつながることに生きがいを感じるため

❻. ①×　②○　③○　④○　⑤×

❼. ①35　②エンディングノート
　③生前　④準備　⑤持ち物整理
　⑥抵抗　⑦生きる　⑧積極的